東京からちょっと旅

ちいさな美術館めぐり

Small Museum Tours

著：土肥裕司

碌山美術館

GB

はじめに

前作『建築でめぐるひとり美術館』につづいて、美術館めぐりの本としては2冊目の執筆をさせていただきました。美術館は収蔵作品のすばらしさはもちろんですが、そこでどんな時間を過ごせるかが大事な要素になると考えています。たとえば、広い空間をぜいたくに使ってやさしい光が作品を包む美術館は、そこにいるだけでも癒やされますし、企画展のアイディアがすばらしく、行くたびに違った楽しさが味わえる美術館もあります。鑑賞後においしいカフェでゆったりと余韻にひたれる美

術館も、一日をゆたかに彩ってくれるでしょう。季節感あふれる森の中の美術館では、鑑賞後の散歩でも活力をもらえるでしょう。最近増えてきた撮影ＯＫな美術館では、ＳＮＳにアップする写真がたくさん撮れるかもしれません。

今回は、すてきな時間が過ごせる美術館を集めました。前作で紹介している美術館もありますが、また違う視点から本書の内容に合わせて再収録しています。よりすぐりの美術館ばかりです。お気に入りの時間が過ごせる美術館を、見つけていただけたらうれしいです。

美ヶ原高原美術館

Contents

神奈川県

箱根ラリック美術館

静岡県

戸田幸四郎絵本美術館

長野県

art thema park

ムーゼの森

山梨県

art thema park

清春芸術村

河口湖ミューズ館

千葉県

市原湖畔美術館

群馬県

富弘美術館

茨城県

笠間日動美術館

埼玉県

ヤオコー川越美術館

column

この本の使い方

- 「営業」は開館している時間帯。閉館時間の後の( )は最終入館時間です。
- 「休み」は定休日。それ以外にも展示替えや臨時休業などあるので、来館が決まったら直接ご確認ください。多くの美術館が、休館予定をウェブサイトやSNSで通知しています。
- 「料金」は通常の一般料金です。展示内容その他によって変わることがあります。割引も各種あります。
- 「電車」は原則的に最寄り駅から徒歩やタクシーでの時間です。その他、バス便などは直接ご確認ください。
- この本に記載された内容は2017年9月末の情報です。予告なく変更になる場合がありますので、詳細は各美術館にご確認ください。

アイコン

受賞歴や文化財指定などを受け、建築的にもみどころがあります。

飲食できる施設を併設しています。

特定の作家のために建てられた美術館です。

館内に写真撮影OKのスポット(制限つき含む)があります。

美術館のエリア内に絶景ポイントがあります。

栃木県

いわむらかずお絵本の丘美術館

福島県

斎藤清美術館

来館者を楽しませるために、いろいろな
試みをとりいれる美術館が増えています。
ぜひ活用して、美術館の時間をたっぷり満喫しましょう。

併設施設もcheck

ほとんどの美術館には、おみやげや記念品を買えるギャラリーショップがあります。カフェや本格レストラン併設の美術館もめずらしくありません。そして、美術館に入館しなくても、ショップや飲食店は誰でもウェルカムというところも多いです。センスのいい品、インテリアや食器類、美しいスイーツなどは、ほっとひと息つかせてくれる、美術館めぐりの時間を彩ってくれるお楽しみのひとつです。美術館でしか買えないグッズを選んだり、企画展のテーマに合わせた特別メニューを味わったりするのもうれしい。特に図録は、お手頃価格で詳細な解説がつくおすすめグッズです。

ミュージアムツアー＆ギャラリートーク

美術館のスタッフが作品の解説をしながら館内を案内してくれるのがミュージアムツアー。無料で事前申し込みも必要なく、集合時間に集合場所に行けばそのまま参加できる＆途中で抜けることも可能なオープンなツアーがほとんどです。

ギャラリートークは、各企画に合わせてスタッフや外から招いた専門家がレクチャーをしてくれるもの。なかにはミュージアムツアーを含むものもあります。
いずれも作家や作品の詳細、時代背景、制作裏話、その美術館ならではの知られざるエピソードなど、興味深い話が聞けることうけあいです。

美術館めぐりをもっと楽しむヒント

SNS映えする写真を撮る

館内の写真撮影がOKな美術館が増えています。ただし撮れる場所や展示内容に制限があったり、フラッシュはNGだったりするケースがほとんど。それでも十分、美術館という特別な空間を切り取ったSNS映えする写真が撮れるはず。フラッシュをOFFにする、充電をしておくなど準備のうえ、撮影を楽しんでみてください。

写真撮影OK

建物や庭を愛でる

作品だけでなく、空間全体で美を楽しむ。美術館の多くがそのような目的、考えのもとにつくられています。いわれのある建物についてはデータ欄にアイコン（7ページ参照）をつけてありますが、それ以外にもユニークだったりすてきだったりする空間がいっぱい。ぜひ建物や、四季折々に表情を変える庭にも注目してみてください。

お得な割引いろいろ

美術館の多くには、それぞれ割引制度があります。シニア割、子ども割、前売りやネット割、地域の割引、JAF会員割引など美術館によってさまざまなので、事前に確認したり、チケット発売窓口で聞いたりしましょう。企画展の場合は特に、街のチケットショップでリーズナブルにチケットを買えることも。「友の会」に代表される美術館独自の会員制度を設けている美術館もたくさん。美術館が集まっているエリアには、共通券などもあるのでチェック！ 各美術館の窓口でも教えてもらえます。

静岡の美術館めぐり

伊豆エリアを中心に好印象な美術館が多数

ほぼ全域にわたって大小の美術館が点在する静岡。メインの目的美術館を決めて、その近くもいっしょにめぐれたらめぐる…くらいの心づもりで出かけるといいかも。

特別なのが伊豆エリア。車で数分の距離にいくつもの美術館があり、2~3泊しても時間が足りないほど。

近代西洋美術から絵本、植物の細密画であるボタニカルアー

①池田20世紀美術館 ②野坂オートマタ美術館 ③村上康成美術館
④高橋京子 花の絵美術館※ ⑤崔如琢美術館※ ⑥伊豆の長八美術館

※は地図のみ掲載

ト、からくり人形などバラエティゆたかで規模もさまざま。個人のお宅を開放したような身近な美術館では、作家と直接話せるチャンスも。観光のついでに近場の美術館をちょっとのぞくのもよし、興味のあるものにねらいを定めたり、せっかくなら全館制覇をめざしたりというのも達成感がありそう。

戸田幸四郎絵本美術館

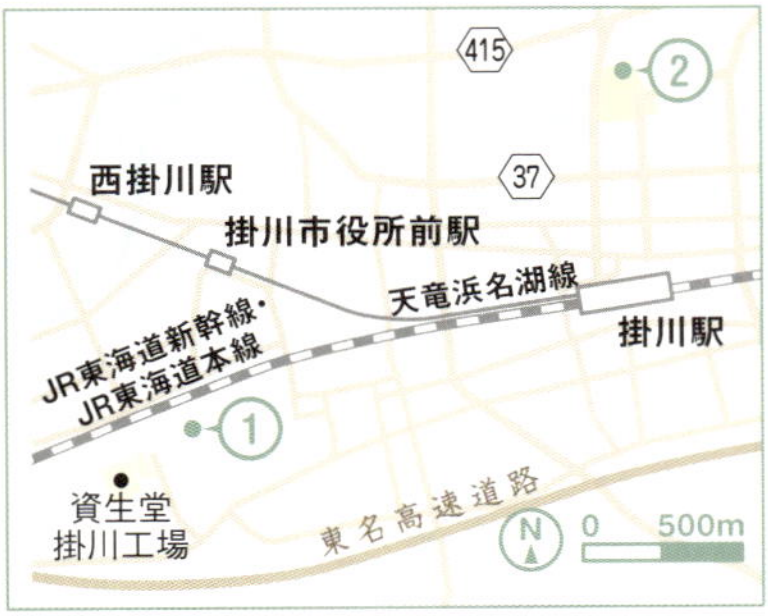

①資生堂アートハウス
②掛川市ステンドグラス美術館

①沢田政廣記念美術館
②戸田幸四郎絵本美術館

クレマチスの丘

芹沢銈介美術館

静岡市東海道広重美術館

秋野不矩美術館

ヴァンジ彫刻庭園美術館

澤田政廣記念美術館

A屋内外にもアート作品が点在し、付近一帯がいこいのスペースになっています。B企画展用の展示スペースは2つ。「工藝を我らに」「資生堂アートハウス名品展」「四季を彩る日本画の世界」など、幅広い企画展のすべてが無料で楽しめます。C明るいエントランス。ステップをのぼると建物にぐるりと沿うように常設展示スペースが。D横山大観「鵙鸐（くよく）」1947年。

建築も注目の無料美術館

資生堂アートハウス

シセイドウアートハウス

「美しい生活文化の創造」を企業理念に掲げる資生堂が、美術を通じて文化交流する施設として設けた美術館。東京・銀座の資生堂ギャラリーで開催してきた美術展覧会の出品作ほか、約1600点が収蔵されています。梅原龍三郎や中川一政など日本の作家の絵画や彫刻、工芸品をメインに、年代も技法もさまざまな作品をテーマによって企画展示。文化芸術活動の一環として、無料公開されているのもうれしいところです。

美術館の建物もアート性が高く、日本建築学会賞を受賞しています。70年代を代表するモダニズム建築の傑作といわれますが、コンクリート打ちっぱなしや、通過する新幹線が美しく映り込むよう計算された曲面ガラスなど、現代においても斬新さが目をひく美の器です。

map ▸ p11

住所	掛川市下俣751−1
電話	0537-23-6122
営業	10：00〜17：00（16：30）
休み	月（祝をのぞく）、夏期、年末年始
料金	無料
電車	東海道本線「掛川」駅から徒歩25分
HP	www.shiseidogroup.jp/art-house

E 設計は、ニューヨーク近代美術館（MoMA）新館設計などで知られる谷口吉生と高宮真介。施工にも高度な技術を要する意匠は、すみずみまで神経が行き届いた抽象彫刻のような建物といわれています。F 小村雪岱「おせん　傘」1937年。G 隣接する企業資料室館には美とアートに関する貴重な資料が。H 小椋範彦「乾漆割貝蒔絵紅白梅花文飾箱」2003年。

A 19世紀イギリスを代表する工房や、フランスの名だたる工房の名作を多数収蔵。本場のステンドグラスを、手が届きそうなほど間近で見られる機会はなかなかありません。B 作品解説本、オリジナルグッズなどが並ぶミュージアムショップ。C 神への畏敬を込め、磨いた技のすべてをつぎこもうとした職人の気持ちが伝わってきます。D 掛川城公園の一画、周辺散策もおすすめ。

最盛期の作品を視線の高さで

掛川市ステンドグラス美術館

カケガワシステンドグラスビジュツカン

19 世紀、英国ヴィクトリア調時代の約70点と、フランスのバラ窓約10点で構成される日本初の公立ステンドグラス美術館です。ステンドグラス制作の最盛期につくられた作品は、装飾的にも技術的にも卓越した作品ばかり。通常は教会の高い窓にあり、見上げて眺めるものですが、ここでは視線の高さに合わせて展示されているため、細部までじっくり見ることができます。自然光とLED照明、2種類の光で観賞できる工夫も。

map ▶ p11

住所	掛川市掛川1140-1
電話	0537-29-5680
営業	9：00〜17：00（16：30）
休み	月（祝なら翌日）
料金	500円 ㊗中学生以下無料ほか
電車	東海道本線「掛川」駅からタクシー10分
HP	www.kakegawa-stainedglass.com

新鮮な気分で浮世絵名作を楽しむ

静岡市
東海道広重美術館

シズオカシトウカイドウヒロシゲビジュツカン

歌川広重と切っても切れない東海道。その宿場町「由比宿」本陣跡地の公園内に、日本ではじめて広重の名を冠して開館しました。代表作である「東海道五十三次」シリーズをはじめ、晩年の傑作「名所江戸百景」など、風景版画の名作を約１４００点収蔵。毎月展示替えをおこない、さまざまな切り口で浮世絵のすばらしさをアピールしています。版画体験コーナーほか、浮世絵の基礎知識を理解できる解説も充実。

A 浮世絵をもっと楽しめる解説がいっぱいの常設展示。B おなじみの作品以外にも「まるごと富士」「江戸のおもちゃ絵」などバラエティゆたかな企画展を実施。江戸の庶民が親しんだ幅広い浮世絵の世界を紹介しています。C 版画体験コーナーでは、ぜひ「摺り」に挑戦してみてください。

D イキイキと描かれた浮世絵に、庶民の生活に根ざした江戸文化のパワーを感じさせる美術館。

map ▸ p11

住所	静岡市清水区由比297-1
電話	054-375-4454
営業	9：00〜17：00（16：30）
休み	月（祝なら翌日）
料金	510円　㊓未就学児無料ほか
電車	東海道本線「由比」駅から タクシー5分
HP	tokaido-hiroshige.jp

A座って見る高さに合わせて絵が展示される大理石の床の展示室。写真は取材時の企画展示「畠中《はたなか》光享《こうきょう》」の作品。B靴を脱ぐエントランススペース。建物全体に天然素材が使われ、焼きや、あえて細かく傷を入れた木材など、藤森たちの手仕事の跡が残ります。

清冽な空間に並ぶインドの光景

秋野不矩美術館

アキノフクビジュツカン

50代半ばにしてインドに渡り、以後インドを描き続けた日本画家、秋野不矩の出身地に建つ美術館。駐車場から歩いて丘を登る先にそびえたつどっしりした建物で、建築史家、藤森照信の設計です。画家から指名を受けた藤森は、その絵を見て「土足で見ることはふさわしくない」と考え、靴を脱いで鑑賞するよう設計しました。

秋野の手によるインドの風景は、照りつける陽光や乾いた風、人々の息づかいまで感じさせるよう。力強さと清らかさに満ちて深い印象を残します。必見作はパネル3枚、幅7メートルにわたる大作「オリッサの寺院」。90歳の秋野が美術館建設にあたり、展示される壁面に合わせて描いたものです。素足になり、絵の前で座して鑑賞するのがおすすめです。

D

C

F

E

C 正面から見ると穏やかなイメージの外観。下から見上げる下の写真とは雰囲気がまったく違います。D 靴を脱いで最初に進むのは藤ゴザ床の展示室。大理石の部屋はこの奥。E 一般の駐車場から登ってくると、場所も時代も限定されない城塞のような印象的な建物（美術館前に歩行困難者用の駐車場あり）。F モルタルを厚塗りしてどっしり感を出した外壁。突き出た枝は外観のアクセントになるとともに雨どいの機能も。すみずみまで技術と手間を駆使しています。

map ▶ p11

住所	浜松市天竜区二俣町二俣130
電話	053-922-0315
営業	9：30〜17：00
休み	月（祝なら翌日）
料金	300円　㊓70歳以上無料ほか
電車	天竜浜名湖鉄道「天竜二俣駅」から徒歩15分
HP	www.city.hamamatsu.shizuoka.jp/akinofuku

B

A

C

D

「人間」テーマの名作を収蔵

池田20世紀美術館

イケダニジュッセイキビジュツカン

約1400点にわたる収蔵品に共通するのは、20世紀に生み出された「人間」をテーマとする作品であること。入口で出迎えてくれるのは、立体作品はめずらしいルノワール作のヴィーナス像。ルノワール、ピカソ、マチス、シャガール、ダリをはじめ、印象派から近代絵画にいたる時代の名だたる巨匠の大作、秀作を常設展示。なかでもマティスの切り絵「ミモザ」は、世界中の美術館から貸し出しオファーがひっきりなしの自慢作だとか。ゆったりとした空間に名作やユニークな形の絵画が並ぶ落ち着いた空間。企画展示室では3ヵ月に1度特別企画展をおこなっています。あらかじめ連絡すれば、個人でも美術にくわしいスタッフの解説が受けられるので、ぜひ気軽に申し込んでみてください。

E

G

F

map ▸ p10

住所	伊東市十足614
電話	0557-45-2211
営業	9：00〜17：00
休み	水(祝、7･8月、年末年始をのぞく)
料金	1000円　㊒高校生700円ほか
電車	伊東線「伊東」駅からタクシー20分
HP	www.nichireki.co.jp/ikeda

A 健康上の理由もあり晩年は切り絵制作をメインとしたアンリ・マティスの「ミモザ」。タペストリーの下絵として依頼されたもの。B すっきりとした幾何学的な建物の設計は彫刻家、井上武吉によるもの。一碧湖にほど近い伊豆の自然のなかにたたずむ美術館で、自然と芸術が融合する時間を堪能できます。C やわらかな色彩に満ちたギュスターブ・ロアゾー「ポン・タヴァンのわら家」。D 憂愁と官能に満ちた女性像を得意としたモイーズ・キスリングの「女道化師」。衣装の赤とギターの緑のバランスも見事。E 落ち着いた雰囲気のなかでゆったり作品に臨める常設展示室。F 画廊喫茶「レジェ」で、木々の間の彫刻を眺めながらティータイムを。コーヒー、紅茶500円など。壁面は作品発表の場として貸し出しも。G ミュージアムショップでは、おなじみの巨匠作から知られざる逸品まで、アートを感じるオリジナル商品が並びます。

A 美術館ではオートマタのモチーフとして人気だったピエロをはじめ、さまざまな人形たちが待っています。B 実演まで待ち時間があれば、カフェでひとやすみを。C D オートマタの全盛期は19世紀のヨーロッパ。時代のトレンドや世相を映し出し、貴族たちが自慢のコレクションを競いました。長い時を経ても正常に動くよう整備しておくのは大変なこと。ひとつひとつの動きの緻密さ、リアルな表現力に驚かれます。

機械仕掛けの芸術品が集合

野坂オートマタ美術館

ノサカオートマタビジュツカン

世界でもめずらしいオートマタ専門の美術館。オートマタを日本式に訳せば「西洋からくり人形」のこと。18～19世紀のヨーロッパ、王侯貴族たちの間では機械仕掛けの人形が人気で、当時、技術者のみならず科学者でもあった時計職人たちによって生み出されました。訪れる際は実演時間（要問い合わせ）をお見逃しなく。そこにあるだけで優美な人形が、息づかいさえ感じるような精緻な動きを見せることに感動します。

map ▸ p10

住所 伊東市八幡野字株尻1283-75

電話 0557-55-1800

営業 9：30～17：00（16：00）

休み 木（祝をのぞく）

料金 1000円 割 小学生以下無料ほか

電車 伊豆急行線「伊豆高原」駅から徒歩15分

HP www.automata.co.jp

画家、エッセイスト、ネイチャリストとして知られ、「釣り人」を自称する村上康成。館内は愛らしくディフォルメされながら、野生の面影のままイキイキと躍動する生き物たちのイラストでいっぱい。そんな彼の絵本に夢と勇気を与えられたファンが世界中から訪れます。明るい吹き抜けのショップから地下におりると展示室。「目に光を入れる瞬間が制作の山場」という作家の魂を、木のぬくもりのなかで感じられます。

ネイチャー画家の原画に合いに

村上康成美術館

ムラカミヤスナリビジュツカン

A 天然素材にこだわって建てられた深いグリーンの建物。庭で持参のお弁当を食べたり、鳥たちの姿を眺めたり、ゆっくり過ごす来館者が多いそう。

B トレードマークの魚があちこちに。C 入口すぐのショップには、ファンが目を輝かせるオリジナルグッズが並びます。D 生き物たちの気配が伝わり、水しぶきまで飛んできそうな躍動感に満ちたイラスト。たくさんのイラストや絵本のなかから、各企画のテーマに合わせた原画が並びます。

map ▶ p10

住所	伊東市大室高原5-386
電話	0557-51-8021
営業	10：00〜16：00
休み	月、火、水（祝をのぞく）
料金	800円　割 小・中生500円ほか
電車	伊豆急行「伊豆高原」駅から タクシー10分
HP	www.murakami-museum.co.jp

A B 石山が設計した建物は、吉田五十八賞を受賞。施工にあたっては全国から技術者が集い、伝統の左官技術を競いました。失われつつある技術が随所に散りばめられた建物の希少性も注目されています。C 長八の代表作とされる約60点が2棟の展示室に。鏝絵の描き方の説明では、その繊細な技に驚かされます。D 海際の国道136号線を走っていると、不思議な建物が出現。

左官が誇る鏝絵《こてえ》の世界

伊豆の長八美術館

イズノチョウハチビジュツカン

江戸時代の左官の名工、入江長八が鏝を用いて描いた貴重な作品を公開しています。長八は19歳のときに江戸に出て狩野派に絵を学び、同時に彫塑の技術も習得。身につけた技を左官の仕事と芸術作品制作に互いに活かしながら、独自の芸術を生み出しました。時代を経て埋もれかけていた左官芸術ですが、鏝と漆喰の名人技に感銘を受けた建築家、石山修武の尽力により、めずらしい鏝絵美術館の設立へとつながりました。

map ▸ p10

住所	賀茂郡松崎町松崎23
電話	0558-42-2540
営業	9：00～17：00
休み	なし
料金	500円 ㊟中学生以下無料ほか
電車	伊豆急行「蓮台寺」駅から タクシー30分
HP	www.izu-matsuzaki.com/publics/index/69/

人間国宝の染色工芸技を堪能

芹沢銈介美術館

セリザワケイスケビジュツカン

日本染色界を代表する染色家として人間国宝となった芹沢銈介による、故郷の静岡市への寄贈品を展示する美術館。類まれといわれる色彩感覚と、卓越したデザイン力、高度な技術に裏づけられた作品が人々の心をつかんでいます。外から全貌をうかがい知ることのできないユニークな建物は、弥生遺跡の一画という立地条件に合わせたもの。太古からの自然に溶け込むよう展示室を池で囲み、石や木で構成した美術館です。

A 端正な石積みの壁が、明るく親しみやすい作風で好まれた芹沢の鮮やかな染色作品に似合います。組天井には手斧の跡が残り、作品と共通する手仕事のあたたかみを感じさせます。

B 芹沢作品とコレクション合わせ5000点を超える収蔵品を、年に3回の展示替えで企画ごとに公開。C 作家の自宅と工房があった東京・蒲田から移築された「芹沢銈介の家」（限定公開）。

D 公共建築百選となった建物の設計は、芹沢本人から依頼された白石晟一によるもの。染色、本の装丁、陶器絵つけほか幅広く活躍した芹沢の創造力をゆったり味わえる空間です。

map ▸ p11

住所	静岡市駿河区登呂5-10-5
電話	054-282-5522
営業	9：00～16：30
休み	月、祝の翌日、年末年始
料金	420円　㊙市内在住の70歳以上無料ほか
電車	東海道線「静岡」駅からタクシー10分
HP	www.seribi.jp

A 澤田は熱海が誇る文化勲章受章者。力強い生命力と詩情にあふれた作品は、幅広い芸術活動のすべてに共通するものといわれます。B 美術館の建設決定を受けて、晩年の澤田が描いた水彩画「飛天」をもとに、1年がかりで制作。この下で手をつなぐといつまでも幸せになれるとか。赤御影石の床に映る飛天もお見逃しなく。C 自然の地形を活かした熱海梅園の一画に佇む遠景も味わい深い。周囲にも澤田の彫刻が置かれ、園内には足湯や作曲家、中山晋平記念館など見どころも。

胎内空間で合う仏像彫刻

澤田政廣記念美術館

サワダセイコウキネンビジュツカン

エントランスに足を踏み入れると、頭上には鮮やかな天女のステンドグラスが。仏像彫刻、木彫、墨彩、陶芸、版画、書など幅広い分野で精力的に活動した澤田政廣が、好んで描いたモチーフです。岩の塊のような外観のフォルムは仏教伝来の道であるシルクロード、敦煌の石窟を、洞窟のように薄暗い内部は胎内をイメージ。ぐるりと回遊できる展示室にゆったりと置かれた像は、自分の居場所でくつろいでいるようです。

map ▸ p11

住所	熱海市梅園町9-46
電話	0557-81-9211
営業	9：00〜16：30
休み	月（祝をのぞく）
料金	320円　㊖小学生無料ほか
電車	東海道線「熱海」駅から タクシー10分
HP	www.city.atami.lg.jp/kanko/ kankoshisetsu/ 1001839/1001884

B

A

C

D

E

A 自然との触れ合いを大切にした戸田は「生きとし生けるものの共生」をテーマに美術館をプランニング。著名な料理家の別荘だったからか、豊富だった食材となる樹木を1本も切ることなく設計しました。

B 知育絵本の懐かしさ、オリジナル絵本のやさしさ、名作に絵をつけた挿画の迫力。絵本朗読が楽しめるDVDコーナーも人気。C 網代湾を見下ろすカフェからの眺めは格別。D 軽食や画家の実家である山形「寒月堂」のお菓子のほか、庭のみかんを目の前で絞って出す季節限定のジュース（500円）も好評。E 懐かしい作品を「大人買い」する来館者の姿も。

懐かしい絵本原画の魅力

戸田幸四郎絵本美術館

トダコウシロウエホンビジュツカン

画家の名前は知らなくても、その絵はみんな知っている。戸田幸四郎は、そんな身近な画家のひとりです。原画と印刷された絵本が一緒に展示されていて、違いが比べられるのも興味深いもの。その「シンプルで美しい」世界観は、美術館にも貫かれています。戸田自身が設計し、スタッフや職人とともに仕上げをして完成させた建物。誰もが美しさ、心地よさを感じる本物にこだわった作家の意思が伝わってきます。

map ▸ p11

住所	熱海市上多賀1055-30自然郷
電話	0557-67-1107
営業	10：00〜16：30（16：00）
休み	火、水（祝・夏休み・年末年始をのぞく）
料金	720円 割 小学生以下410円ほか
電車	伊東線「伊豆多賀駅」からタクシー10分
HP	www.todaart.jp

花と緑あふれる美的空間でのんびり過ごす一日

クレマチスの丘

art thema park

アートも食事も文学も 自然のなかでゆたかに堪能

伊豆の山並と駿河湾にはさまれた広大な丘にアートの複合施設ともいうべき空間があります。個性ゆたかな３つの美術館に文学館、ショップやカフェ。本格レストランは、ここで食事をするために、足を延ばして丘を訪れる人もいるほどの評判です。丘自体の眺望のよさに加えて、ほぼ1年を通じてクレマチスが咲き誇る庭は見事のひとこと。そのほか、四季折々に花々が美しさを競うので、何度訪れても新たな感動に出合えます。

いずれも見ごたえたっぷりな４つ施設の見学には、共通券の購入がおすすめ。それぞれ建物にもこだわりがあり、センスと好奇心を刺激されます。企画展のほか、各種イベントやワークショップも積極的に開催。大きくふたつのエリアにわかれているので、散策を楽しみながら余裕をもってめぐってみて。

展示物の配置やライティングもヴァンジ自身がプランニングしています。

A

「ヴァンジ彫刻庭園美術館」は、現代イタリアを代表する具現彫刻家、ジュリアーノ・ヴァンジのためにつくられた、世界唯一の美術館。美術館の設計に合わせ、この場所にこれを置くと決めてつくられた彫刻も多い。庭園と一体化するように配置された屋外展示では、意外なところからのぞく作品もあるのでお見逃しなく。

C

フランスの巨匠の世界最大コレクション「ベルナール・ビュフェ美術館」。約2000点の作品のなかから企画ごとに選びだし、三角形と円錐を組み合わせたユニークな建物に展示します。

第二次世界大戦中にも画材不足に悩みながら描き続け、生涯8000点もの制作をしたビュフェ。「ピエロの顔（油彩・1961年）」は代表作のひとつ。

B

1999年には「こども美術館」を増設。五感を使って味わえるアート作品も。

D

「IZU PHOTO MUSEUM」では、写真と映像に関する企画展を随時開催しています。

種類ごとに季節を変えて咲くクレマチスですが、最盛期は5月下旬から6月。この時期はバラも満開で、うっとりするような光景が広がります。

ショップやカフェはインテリアもすてき。オリジナルの出版物やアート、ライフスタイルに関する本、雑貨や文具を見ているとあっという間に時間が過ぎていきます。

左上、白い花々を集めたホワイトガーデンの奥にひっそり用意されたカフェでは、花や木々の香りに包まれながらのティータイムを。スコーン（飲み物とセットで1000円）は絶品です。クレマチス柄の器もかわいい。

イタリアンレストラン「プリマヴェーラ」（左）はランチコースが3500円～。地場産の素材をふんだんに使った料理にリピーターが多い。

庭園美術館の名にふさわしい光景が広がります。

H

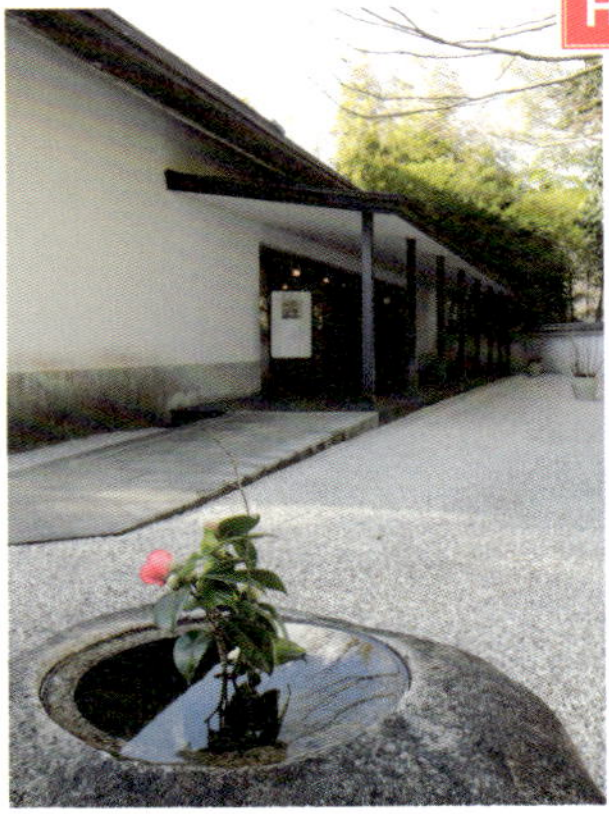

幼少期を伊豆で過ごした井上靖の文学館も。日本情緒と木のぬくもりにあふれています。開館当時66歳だった文豪はここに足しげく通い、読者との交流を楽しみました。

map ▸ p11

住所 長泉町東野クレマチスの丘347−1

電話 055-989-8787

営業 原則10：00〜18：00（施設や季節によって変動あり）

休み 原則水（祝なら翌日）

料金 4館共通券3000円ほか

電車 東海道線「三島」駅からシャトルバス30分

HP www.clematis-no-oka.co.jp

神奈川の美術館めぐり

箱根は美術館もスゴい 観光との合わせ技も

横浜や川崎といったにぎやかなエリアには、当然美術館がありますが、思う存分美術館めぐりができるのは箱根。観光地の利便もあり、周遊チケットなどが豊富です。車も便利ですがケーブルカーや登山鉄道、芦ノ湖畔を走るバスなど、いろいろな乗り物を活用してめぐるのも、それ自体が楽しい。ガラス工芸の美術館が数館あるので、あえてまとめて見たりすると、グンと

理解が深まるというメリットも。ショップのオリジナルグッズが充実しているのも、箱根エリアの特徴のひとつでしょう。

比較的大きめの美術館が多いので、一館あたりの時間も余裕を見たいところです。一度に全部まわるのは難しいけれど、四季折々の風情があるので、しっかりチェックして、各美術館のご自慢の季節に訪れたいもの。

横須賀美術館

ポーラ美術館

横須賀美術館

岡本太郎美術館

A木々の間にかけられた橋を渡るような造りのエントランス。B化粧品会社由来の美術館らしく、貴重な化粧道具のコレクションも豊富。《あやめ文銀製化粧セット》1903－1907年　ゴールドスミス&シルヴァースミス社。

CDレストラン「アレイ」で味わえるのは、おいしい料理と極上のひととき。企画展にちなんだ特別メニューも人気。写真は1食につき20円が開発途上国の給食に寄付される運動「TABLE FOR TWO」の協賛メニュー。ソースが美味な魚介と野菜のせいろ蒸し。

森に抱かれる名作コレクション

ポーラ美術館

ポーラビジュツカン

ポーラ創業家2代目の鈴木常司が収集した約1万点ものコレクション。和洋の絵画や版画、陶磁器、ガラス工芸に加え、古今東西の化粧道具も揃うのはさすがです。なかでも印象派の絵画は充実していて、常設の展示室でもひと通りの名作が見られるのがうれしい。印象派の作品がより美しく見えるよう、展示室には7月のパリの夕暮れを再現した光ファイバー照明がしつらえられています。豊富な収蔵品をテーマに合わせて展示する企画展も毎回興味深く、何度でも訪れたくなります。

国立公園内という立地から「箱根の自然と美術の共生」をコンセプトに設計された建物は大半が地下に位置し、森に囲まれているよう。ガラス張りの天井から降りそそぐやわらかな光が印象的な空間です。

E

G

F

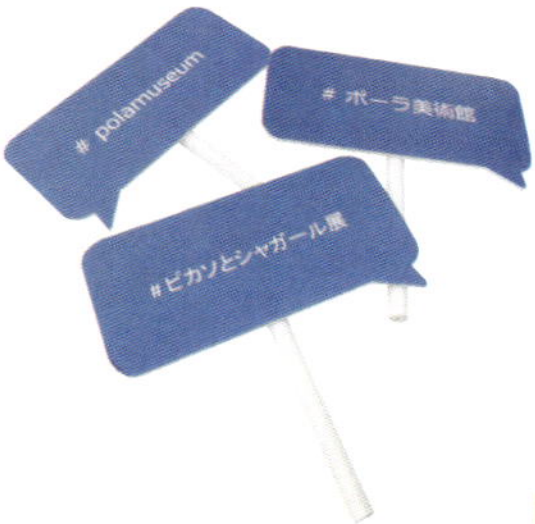

H

map ▸ p31

住所	足柄下郡箱根町仙石原小塚山 1285
電話	0460-84-2111
営業	9：00〜17：00（16：30）
休み	無休
料金	1800円　㊓65歳以上1600円ほか
電車	箱根登山鉄道「強羅」駅からタクシー10分
HP	www.polamuseum.or.jp

E美しくユニークな空間も美術館めぐりの楽しみのひとつ。箱根の森に抱かれるような不思議な気分が味わえます。美術館を囲んで整備されている散策路もぜひ。F開館15周年企画展「100点の名画でめぐる100年旅」（2017年10月〜）メインビジュアル、アンリ・マティス《リュート》1943年　油彩/カンヴァス。Gコレクション代表作の1点、印象派を代表するピエール・オーギュスト・ルノワール「レースの帽子の少女」1891年　油彩／カンヴァス。H展示室の入口には記念撮影用のパネルも用意。

A ガラスのきらめきが迎えてくれるエントランス。B C ガラスによる空間装飾にも挑戦したラリックの作品のひとつ、オリエント急行も展示。この車両だけで150枚以上のガラス装飾が施されています。現地で予約すれば、なかでティーセット（2100円）がいただけます。D 3羽のツバメが飛び交う香水瓶。自然を愛したラリックは動植物モチーフの作品を多く手掛けました。E シクラメンの香りにうっとりする妖精をモチーフにした香水瓶。。今販売していればジャケ買いしたくなる香水がたくさん。

ガラスの魔術師の生涯を綴る

箱根ラリック美術館

ハコネラリックビジュツカン

アール・ヌーヴォーからアール・デコへの橋渡しをしたルネ・ラリック。ガラス工芸作家として知られますが、職人としてのスタートは宝飾でした。卓越した技術とセンスで人気ジュエリー作家となったラリックは1900年のパリ万博で大ブレイクした後、香水瓶の制作に携わります。斬新かつ繊細なボトルのコティ社の香水はたちまち話題に。ガラス工芸家として名声を得たラリックは、以後ガラス工芸に専念します。

　ラリック美術館ではガラス工芸品のみならず、宝飾、万博、ラリックを応援した人々にまつわる展示や解説など、彼の人生をたどる展示が楽しめます。見事な宝飾品、驚くような香水瓶、ため息が出るようなガラス工芸品の数々が、作家の情熱と才能性を教えてくれます。

F 常設展示の花器コーナー。ガラスのゆたかな表現力に圧倒されます。G H 美しい中庭をのぞむレストラン「LYS(リス)」では、モーニングから夕方のお茶の時間まで、旬の恵みを活かした料理やスイーツが楽しめます。H I 美術館は緑に囲まれた敷地の奥。展示室以外の飲食店やショップは無料で立ち寄れます。

map ▸ p30

住所 足柄下郡箱根町仙石原186-1
電話 0460-84-2255
営業 9：00〜17：00（16：30）
休み 無休
料金 1500円　㊓65歳以上1300円ほか
電車 箱根登山鉄道「箱根湯本」駅から
タクシー20分
HP www.lalique-museum.com

A ゆとりのある空間で日本画に対峙すると心が洗われるよう。ひとくちに日本画といってもいろいろな表現あることに改めて気づかされます。

古典的な日本画から、現代作家の描く日本画まで、バラエティゆたかな日本画の世界観に触れられます。文化勲章受章画家、山本丘人の代表作150点余りを核に、4000点ほどを収蔵。平山郁夫の素描などの貴重な作も、ゆったりした雰囲気の中で見ることができます。作品と同じくらい目を奪われるのが芦ノ湖を一望する絶景。ティーラウンジや広大な庭から、箱根随一ともいわれる眺めを心に刻んでください。

B C 収蔵作から名をとったカフェ「季節風」では、季節限定和菓子と抹茶のセット（1080円）が人気。繊細な和菓子は目にも舌にもうれしい。

芦ノ湖を見おろす絶景美術館

成川美術館

ナルカワビジュツカン

D 晴れた日には芦ノ湖越しに富士山が浮かびます。この日の富士は霊峰にふさわしく雲海の上に顔を出して。カフェや展望ラウンジをはじめ、広大な庭にも絶景ポイントがあちこちに。

map ▸ p31

住所 足柄下郡箱根町元箱根570
電話 0460-83-6828
営業 9：00〜17：00
休み 無休
料金 1300円 ㊓幼児無料ほか
電車 小田急線「箱根湯本」駅からタクシー30分
HP www.narukawamuseum.co.jp

A

C

A C 茶室「真和亭」では抹茶と和菓子のセット（入館料とセットで1200円）をいただけます。200本のモミジを有する苔庭は青々とした苔も、赤に染まる紅葉も見事。B 日本や中国などの古陶磁器を中心に展示する展示室。D 山並みを絵のように切りとる窓。E 箱根一の歴史を感じさせるユニークな外観。

B

D

E

縄文からの焼きものに親しむ

箱根美術館

ハコネビジュツカン

「美術品は独占するものではなく、ひとりでも多くの人を楽しませるもの」。そんな信念のもと、箱根でもっとも古い美術館として昭和27年に開館しました。熱海に姉妹館「ＭＯＡ美術館」が開館した後は、おもに縄文土器から江戸時代まで、日本の焼きものを中心に展示しています。国登録記念物の庭園「神仙郷」には苔庭、竹庭、茶室などの建物が。多くの人を集める紅葉をはじめ、四季折々に違った表情で魅せてくれます。

map ▶ p30

住所 足柄下郡箱根町強羅 1300
電話 0460-82-2623
営業 9：30～16：30（16：00）、12～3月は9：30～16：00（15：30）
休み 木（祝・11月以外）、年末年始
料金 900円 ㊓65歳以上700円ほか
交通 箱根登山ケーブルカー「公園上」駅から徒歩1分
HP www.moaart.or.jp/hakone

A 風神、雷神を描いた縦12メートル、横30メートルの大壁画「風・刻（とき）」は、福井江太郎の作。640枚の金地パネルに描かれた、ガラスに映る空も取り込む芸術。絵に向き合う足湯カフェのみの利用も可能（入湯料500円、入館者は無料）。B 重要文化財の尾形乾山「色絵竜田川文透彫反鉢」。B オリジナル商品が充実したミュージアムショップ。人気は作品をモチーフにしたチョコレート。「Okada Museum Chocolate『雪佳・燕子花』」（2600円）。ドラマ「失恋ショコラティエ」でチョコを監修した三浦直樹による「チョコレートバー」（1800円）も。来館者以外も購入可能。

圧巻の壁画と貴重収蔵

岡田美術館

オカダビジュツカン

2０１３年、欧米人向けホテルの跡地に誕生した新アートスポットです。この美術館を訪れて最初に目にするのは、風神・雷神の描かれた巨大な壁画。その正面には１００％源泉掛け流しの足湯カフェがあり、飲み物をいただきながら壁画に向き合うことができます。壁画のガラスに映る空の様子を含めて一枚の絵とする、箱根の自然や立地と一体となった空間。とても贅沢な気分になります。

５階にわたる展示スペースは約５０００平米。尾形光琳の屏風からはじまったコレクションは、日本、中国、韓国を中心に、絵画、焼きもの、仏像などにも広がり、古代から現代までの東洋美術品が常時４５０点ほど展示されています。広大な庭園（入園料３００円）もあるので、ゆっくりまわるのがおすすめです。

D 目にした瞬間、ため息が出そうな金屏風の展示。

E 喜多川歌麿の最高傑作「雪月花」三部作の1点、「深川の雪」（部分）。長年所在不明だった貴重な肉筆画が再発見され、コレクションに。F 昭和初期の日本家屋を改装した飲食施設「開化亭」。オリジナルチョコレート付きコーヒー1200円ほか。ランチやお茶の後は庭をゆっくり散策したい。

map ▸ p30

住所	足柄下郡箱根町小涌谷493-1
電話	0460-87-3931
営業	9：00〜17：00（16：30）
休み	不定休　12月31日、1月1日
料金	2800円　㊓小中高生1800円ほか
電車	小田急線「箱根湯本」駅からタクシー15分
HP	www.okada-museum.com

ヴェネチアングラスのきらめき

箱根ガラスの森美術館

ハコネガラスノモリビジュツカン

エントランスを抜けて広がる景色は、水の都ヴェネチアの街のよう。広い庭園を展示室やショップ、体験工房、レストランなどが囲んで、にぎわいを見せています。池の橋を渡って展示室へと進むと、絢爛なヴェネチアングラスの数々が。職人が情熱をもってひとつひとつ制作し、中世の貴族を熱狂させた、まばゆい作品が並んでいます。そんな歴史や技術の説明も興味深く、このガラス器の世界にひきこまれます。

A

B

C

A ガラスのオブジェが陽光にきらめく庭からは大湧谷が一望できます。B 美術館内も中世ヨーロッパの雰囲気。C ショップでお気に入りのガラス器を探したり、ガラスづくりを体験したり。レストランでカンツォーネの演奏が楽しめます。

D

D ビサンチン時代の黄金七宝と、イスラムの技法が混在し、ヴェネチアグラス技術の成熟を物語るゴブレット（左）。ガラスで表現されるレース模様、花装飾の繊細さは驚くほど（中）。ガラス工芸の常識を破り世界をあっといわせた風にそよぐグラス（右）。

map ▸ p31

住所	足柄下郡箱根町仙石原940-48
電話	0460-86-3111
営業	10：00〜17：30（17：00）
休み	成人の日の翌日から11日間
料金	1500円　㊓65歳以上1400円ほか
電車	小田急線「箱根湯本」駅からタクシー20分
HP	www.ciao3.com

A 登録有形文化財の石蔵に大作が飾られています。石蔵は貸ギャラリーとしても利用できます。B 日本家屋の長い廊下に飾られた無国籍風の絵…不思議な心地よさのなかで観賞できます。C 名旅館、萬翠楼福住の別荘として明治後期に建てられた建物は国の登録有形文化財。犬養毅や井上薫も逗留しました。D スペイン産の大理石が敷きつめられた浴室。窓にはめられた暗殺防止の鉄格子が、かつて貴人が利用していたことを物語ります。掛け流しの温泉は貸し切り利用可能（40分1100円）。

個性派画家の晩年アトリエ

平賀敬美術館

ヒラガケイビジュツカン

その作品はどことなくエロティックでかなり独特。桜と娼婦が数多く登場するアバンギャルドな画風が、留学先のフランスでも高く評価された平賀敬。日本に戻り出合った日本家屋のアトリエに、デビュー作や未発表作が飾られています。蚊やり豚にレトロなインテリア、そこに無造作とも思われるように飾られた、大小の鮮やかな作品。ミスマッチなはずなのに、あるべき場所にあるように見える不思議な空間です。

map ▸ p30

住所 足柄下郡箱根町湯本613
電話 0460-85-8327
営業 10：00～17：00
休み 水、木
料金 500円
交通 箱根登山鉄道「箱根湯本」駅から徒歩17分
HP www.hakone.or.jp/562

A 童心にかえれる展示室。それぞれの「幸せな時代」を懐かしみつつ、ここで過ごせる今の幸せを味わいたい。B よくぞ集めたといいたくなる圧巻のコレクション。宝物探し気分でじっくり見たくなります。

懐かしのおもちゃコレクション

箱根北原おもちゃミュージアム

ハコネキタハラオモチャミュージアム

玩具コレクターとして知られる北原照久は、テーマごとに自身のコレクションを展示する美術館、ギャラリーを国内数ヵ所で運営しています。そのうちのひとつ、箱根北原おもちゃミュージアムは、ブリキのおもちゃ美術館です。大学時代、オーストリアに留学した際、古いものを大切に慈しむ現地の人々の文化に触れ、自身の心に残るもののコレクションをはじめた北原氏。なかでもブリキのおもちゃは、世界有数のコレクションを誇ります。

「幸せな時代のものたち」と名づけられた本館のコレクションは、40年にわたって集められた玩具が中心。別館はレコードコレクションの展示と、企画展がおこなわれます。どちらも懐かしさに声をあげてしまいそうなものがいっぱいです。

D

C

E

C 箱根観光の拠点、箱根湯本駅からほど近い好立地。D 昔お気に入りだったレコードのジャケットを探し出したくなります。E 映画「ロボジー」の精巧な模型にわくわく。

map ▶ p30

住所	足柄下郡箱根町湯本740
電話	0460-85-6880
営業	原則9：00～17：00
休み	無休
料金	1300円　㊫小中学生600円ほか
電車	箱根登山鉄道「箱根湯本」駅から徒歩5分
HP	www.hakone-kitahara-museum.jp

F

F 企画展「ミニチュアの世界展」では、凝りに凝ってつくられたミニチュアに感動。人形の表情や仕草、着ているものや建物のなかの人物まで、当時の風俗や感情、空気感まで丸ごと再現されています。

A 収蔵品を期間ごとに公開する展示室。なかでも洋画家、朝井閑右衛門や、週刊新潮の表紙でおなじみの谷内六郎のコレクションは充実しています。B ミュージアムショップ（画像左）からブリッジを渡って展示室へ。下のフロアで開催中の企画展の様子が伝わってきます。C D 休日は行列必至のレストラン「アクアマーレ」。ランチをとるなら早めにリストに名前を入れて。パスタランチ1300円ほか、企画展とのコラボメニューも。E 吹き抜け空間に編みぐるみがいっぱいの企画展。数種の企画展やイベントが同時におこなわれることも多く、盛りだくさんです。

海と森、環境全体がアート

横須賀美術館

ヨコスカビジュツカン

横須賀の景勝地、観音崎に位置し、環境全体を楽しめる美術館。収蔵も地域にゆかりのある作家の作品や、海を描いた作品など環境にかかわる作品がメインです。恵まれた立地を活かし、一日のんびり過ごすための施設の充実ぶりも見事。常設展示、数種の企画展、イベントと美術館エリアだけでも盛りだくさんですが、潮風が心地いい屋上や庭、散策路、大人気のレストラン、興味深い本が揃う図書ルームなど、見たいもの、したいことがいっぱい。あっという間に時間が過ぎていきます。

有名建築家、山本理顕がはじめて手掛けた美術館でもあります。地下に埋め込まれた構造、ガラスに覆われたフォルム、自然光がふんだんにふりそそぐ内部など、どこを見ても特徴的かつ居心地のよい建物です。

F G 芝生や裏手の森、前の海も含めてすべてがアートの一部。H アート好きなら思わずたっぷり時間を過ごしてしまいそうな図書ルーム。ふんだんな自然光が心地いい。

map ▶ p31

住所 横須賀市鴨居4-1
電話 046-845-1211
営業 10:00〜18：00
休み 第1月（祝をのぞく）、12月29日〜1月3日
料金 310円　㊀中学生以下無料ほか
電車 京浜急行線「馬堀海岸」駅からタクシー8分
HP www.yokosuka-moa.jp

芸術が爆発する体感アート空間

岡本太郎美術館

オカモトタロウビジュツカン

A 太郎がこだわり続けた縄文を感じさせる展示室は、随時変わる照明でいろいろな表情に。B 等身大の太郎と写真が撮れる人気コーナー。

あり余る創作意欲のまま、精力的に活動したマルチアーティスト、岡本太郎の芸術愛とエネルギーが満ちています。生地である川崎市に寄贈された1800点の作品。それらを通じて来館者が太郎と出会い、対話する美術館には順路が設けられていません。「ふと目の前に開ける空間で自分だけの太郎に出会ってほしい」という意図から、自在にめぐれる構成に。

ゆるやかに区切られた展示スペースはそれぞれ表情ゆたかで刺激的。どこか原始的だったり、近未来的だったり、どことなく艶っぽかったりする独創的なオブジェの間を気分のままにめぐり歩いていると「芸術の爆発」という太郎の意識が体感できるような気がしてきます。自由な感性を広げるアートイベントも積極的に開催しています。

D

C

F

G

E

C 階段状の構造と植栽が不思議なムードをかもしだす建物。頂点の突起からエントランスに陽光が降りそそぎます。D CとDの建物の間には歩道がありますが、つながった地下部分が展示室になっています。左手には大きな「母の塔」が鎮座。E エントランスからいきなりエネルギー全開の太郎ワールドへ。F G 明るいカフェテリアの人気メニューはオムトマハンバーグ（スープ付き1000円）。美術館は生田緑地の敷地にあり、伝統工芸館や日本民家園、SL広場などもあります。

map ▸ p31

住所 川崎市多摩区枡形7-1-5

電話 044-900-9898

営業 9：30〜17：00（16：30）

休み 月（祝をのぞく）、祝翌日（土・日のぞく）、年末年始

料金 500円　㊢65歳以上300円ほか

電車 小田急線「向ケ丘遊園」駅から徒歩17分

HP http://www.taromuseum.jp

山梨の美術館めぐり

yamanashi

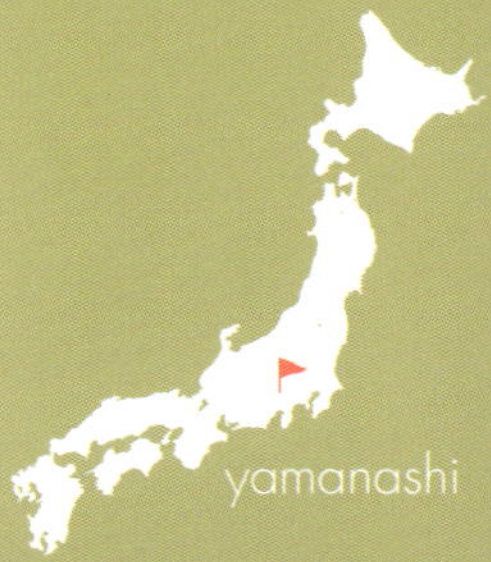

清里と河口湖なら
ひと旅でいろいろ

山梨といえば「県立近代美術館」。ちいさな美術館をおもにとりあげる本書では紹介しませんでしたが、戦略的なミレーのコレクションが話題に。「ポリシーのある成功した美術館」といわれ、来館者にとっても価値のある美術館です。

　美術館が集中するエリアは大きくふたつ。清里周辺と河口湖周辺。いずれも有名観光地なので、観光がてらに立ち寄れます。

①平山郁夫シルクロード美術館
②中村キース・ヘリング美術館
③えほんミュージアム清里
④清春芸術村

宿泊施設や食事も充実しているので、旅そのものをゆったりと楽しめます。

　ふたつのエリアに共通する特徴が、個人の美術館、テーマ性のある美術館が多いということ。アートスポットである清春芸術村も創設者たちの確固たる意志を感じます。美的センスに加えて、好奇心や知的欲求を刺激される美術館がいっぱいです。

平山郁夫シルクロード美術館

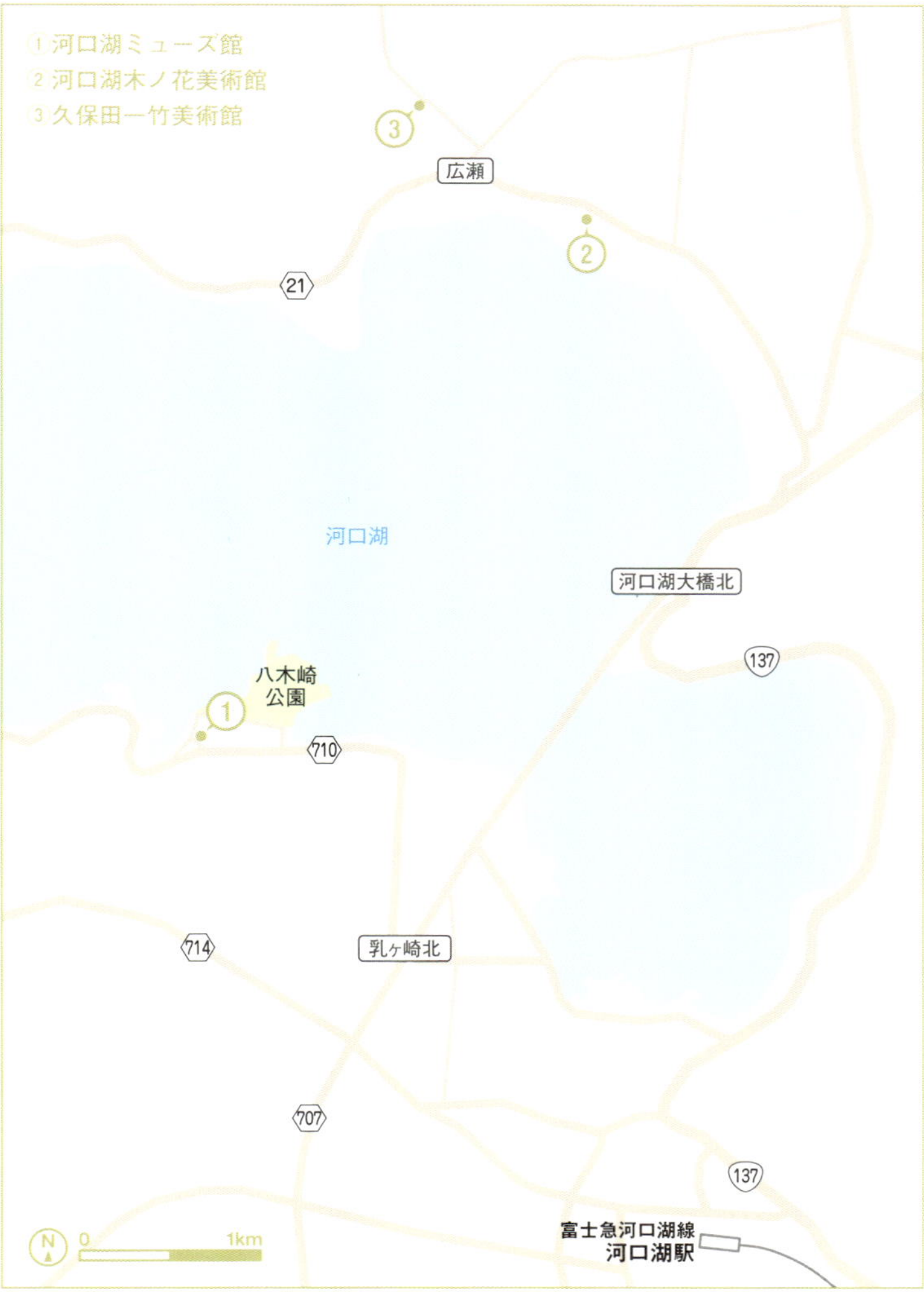

A ガンダーラで出土した仏像はギリシャ彫刻のような彫りの深い顔立ち。中国や日本の仏像との違いが興味深い。B 駅に隣接する2階建ての美術館は、仏像やシルクロードの美術品を公開する展示室、画家の足跡をたどる素描シリーズ、平山が描いたキャラバンに囲まれる展示室などを有する充実空間。C 美術館に入って最初の展示室は貴重な仏像のコレクション。宗教や文化が伝わっていく道のりや意味を考えさせられます。

D アトリエを再現したコーナー。横には期間ごとに大作が飾られて、画家の存在を感じるよう。

悠久ロマンに誘う貴重コレクション

平山郁夫シルクロード美術館

ヒラヤマイクオシルクロードビジュツカン

日本画家として精力的な創作活動を続けながら、シルクロードの研究や文化と美術品保護に大きな足跡を残した平山郁夫。法隆寺金堂壁画の再現模写に携わり、仏教伝来の源とされるバーミアン遺跡を訪れて、シルクロードとのかかわりを強めていきました。１４０回以上もシルクロードを行き交い、現地の絵を描き貴重な資料を収集した、個人の枠を超えるコレクション。それらが公開されているのが、この美術館です。

美術館の建つ八ヶ岳のふもとは縄文文化の中心地のひとつといわれ、国内で絹が運ばれる土地だったという、シルクロードとの不思議な共通点が。若かりし画家の素描や、その後の代表作、彼が集めた美術品の数々に囲まれる大空間が、憧れのシルクロードに誘ってくれます。

E 平山郁夫のシルクロード画展示室。キャラバンが行き交う大作は真骨頂。 F 井上靖「ある偽作家の生涯」に描かれたガラス器。原画と本とモチーフが一緒に飾られているのがおもしろい。平山はこの他にも井上靖の本の表紙画を手掛けており、シルクロードにも同行しています。 G カフェ「キャラバンサライ」には画家のインタビュー映像が流れています。窓の外にはシルクロードでおなじみの、あの動物…それは行ってみてのお楽しみに。入館者以外も利用でき、甲斐小泉駅の待合室がわりにも使えます。

map ▶ p48

住所 北杜市長坂町小荒間2000-6

電話 0551-32-0225

営業 10：00～17：00（16：30）

休み 冬期（1～3月上旬）

料金 1200円 (割)70歳以上1100円ほか

電車 小海線「甲斐小泉駅」隣接

HP www.silkroad-museum.jp

A美術館のテーマである「混沌から希望へ」を表現し、キースの世界へ導くアプローチ。B暗闇に作品が浮かぶ展示室はインパクト大。C D インテリアやオリジナルのカップで作品の余韻を感じつつひと休み。スタッフがオリジナル商品を買いつけるショップとともに、入館料なしで楽しめます。

迷宮に浮かぶポップアート

中村キース・ヘリング美術館

ナカムラキースヘリングビジュツカン

31年という生涯を駆け抜けたキース・ヘリング。アメリカの光と陰を表現する伝説のアーティストに魅せられた、中村和男館長のコレクションです。美術館のアプローチは、キースのホームグラウンドである80年代、眠らないニューヨークの街をイメージ。キースの描画が壁一面にプリントされた細長く暗い通路をくだっていくうちに、平衡感覚が奪われて…そこにいきなり現れる強烈なアートの世界。そんな空間と作品の魔法は、実際に訪れて味わってください。

大作が待ち構える巨大な空間では、自分が小さくなったように感じるかも。小淵沢の雄大な自然のなかで味わうポップで都会的なキース作品。空間と作品がもたらす不思議な調和で、キースが発したメッセージを包み込んでいるようです。

E 巨大なオブジェの間を縫って歩くうちにワクワクしてくるのは、キースの想いが感じられるからかも。どんなものにも描いた貪欲な創作活動に寄り添うように、真四角の平面空間が少ない造りも特徴的。

map ▸ p48

住所	北杜市小淵沢町10249-7
電話	0551-36-8712
営業	10：00～17：00
休み	不定休、冬期
料金	1000円　(割)65歳以上900円ほか
電車	中央線、小海線「小淵沢」駅から タクシー8分
HP	www.nakamura-haring.com

F G 約3万6000平米の森の中、八ヶ岳の火口を意識し、カオスな生命エネルギーを抽象的に表現した外観。北川原温による、地形の傾斜などの環境を活かした設計は、日本建築大賞ほかを受賞。

イメージの魔術師の原画を常設

えほんミュージアム清里

エホンミュージアムキヨサト

英国の絵本作家、エロール・ル・カインの名前は一般的にはそれほど知られていないかも。けれど、実際に原画や絵本を見れば「イメージの魔術師」の意味がわかるはず。どこかで見たことのあるような懐かしさ。

ひとめで心奪われるイマジネーションあふれる世界観。シリーズによってさまざまなタッチを見せる幅広さ。彼の作品コレクションを常設に、国内外の絵本や原画などを収蔵、企画に合わせて展示しています。

A 絵本が大好きな友達の家を訪れたよう。心奪われる1冊との出合いがあるかも。B ショップに並ぶのも愛らしいものばかりでわくわく。C 牧草地の広がる庭からは洋館のように見えます。D メインのコレクション、エロール・ル・カインの「キューピッドとプシケー」。©1977 Errol Le Cain

map ▸ p48

住所 北杜市高根町清里3545-6079
電話 0551-48-2220
営業 10：00〜17：30（17：00）
休み 火（祝の場合は翌日）
料金 600円 ㊕小中学生300円ほか
電車 小海線「清里」駅からタクシー5分
HP www.ehonmuseum.com

E 絵本を手にとりながらお茶をいただけるカフェ。

A 子どもたちの表情のゆたかさや、心の動きまで伝わってきます。着物や小物もサイズ以外は本物そのものの丁寧なつくりです。B 透明感と躍動感をあわせもつ妖精の人形。ぽんと置けばそのまま自立するというのも驚くべきこと。C 目の前が河口湖の公園の一画に位置します。四季折々、天候ごとに変わる自然も味わい深い。D カフェでは窓いっぱいに広がる湖を眺めながら、ランチやあんみつなどの甘味を。

「和枝ちゃん」と本名で呼ばれる美空ひばりの人形。

命を感じる驚きの人形作品

河口湖ミューズ館

カワグチコミューズカン

河口湖のほとりに建つ、ギリシャ神話の芸術の女神から名をとった美術館。常設展示されるのは、与勇輝《あたえゆうき》作の人形です。「人形は自分の分身」という作家は、戦後の混乱期を必死に生きる人々の記憶を人形に込めています。子どもから大人や妖精まで、仕草や表情は単なるリアルにとどまらず、本当に生きているよう。心の動きまでまざまざと感じ、懐かしく、いじらしく愛らしい。小さなミューズたちに心を揺さぶられます。

map ▸ p49

- 住所 南都留郡富士河口湖町小立923（八木崎公園）
- 電話 0555-72-5258
- 営業 9：00〜17：00（16：30）
- 休み 12〜3月の木、年末
- 料金 600円 割 小学生以下無料ほか
- 電車 富士急行線「河口湖」駅からタクシー8分
- HP www.musekan.net

A ダヤンの世界を五感で楽しめるよう、迷路のような展示室にはいろいろな工夫が。B 原画展示の多くに文章がついています。物語を読みながら大好きな絵本の原画をゆっくり観賞できます C 作家の手仕事を垣間見られるような愛用道具の展示も。ダヤンのモデルになった愛猫の写真も公開されています。D ダヤンお得意のポーズでお出迎え。

D

わちふぃーるどの街が広がる
河口湖木ノ花美術館
カワグチコノハナビジュツカン

大人気キャラクター、猫のダヤンの専門美術館。ダヤンのイラストは見たことがあっても、物語はよく知らない。そんな人でも十分楽しめるよう工夫され、展示された原画で絵本を読み進めていけばダヤンの世界に引きこまれます。美術館のモチーフは、物語に登場する街の博物館。時代も場所も架空の異次元世界ですが、富士山を眺める河口湖のほとりという立地が似合っています。

常設や企画展ではダヤン以外の物語、その他のキャラクターや、「旅人」を職業とする作家の旅日記なども見ることができます。ここではショップも大人気。美術館オリジナルのダヤングッズもあります。絵本の中に入ったようなカフェレストランでは、朝から夕方まで、充実のメニューが楽しめます。

E

G

F

E 整いすぎているところは「わちふぃーるど」のイメージとは少し違いそうだけれど、おとぎの世界のようなたたずまいに心が躍ります。F G カフェ「オルソンさんのいちご」では、モーニング（セット1080円ほか）からしっかり食べられます。新鮮な地元の野菜や果物がふんだんに使われています。

H

H 入館者以外も買物ができるショップにはダヤングッズがいっぱい。キャラクターグッズとしての価値だけでなく、本当に愛用できるしっかりした品が揃っています。リアルダヤン（猫）が店内まで遊びにくることも。

map ▸ p49

住所	南都留郡富士河口湖町河口3026-1
電話	0555-76-6789
営業	9：00～17：00、12～2月は10：00～16：00
休み	無休
料金	500円　㊓中・高生400円ほか
電車	富士急行線「河口湖」駅からタクシー8分
HP	www.konohana-muse.com

A 作家が愛したガウディのイメージを形にした新館。琉球石灰岩の外壁は光の当たり方によって表情を変えます。B 春は桜、秋は紅葉が見事な環境。四季を通してさまざまな美術館の表情を楽しめます。

ガウディ風建築に染めが咲く

久保田一竹美術館

クボタイッチクビジュツカン

インドの古城から移築した山門。琉球石灰岩の曲面が無国籍な雰囲気を漂わせる外回廊、富士やピラミッドをイメージした本館。「決まった技法がないことが技法」とした作家が、さまざまなアイデアやイメージを結びつけて実現したユニークな美の器は、ミシュラン三ツ星を獲得しています。

久保田一竹は、江戸初期に衰退した染め物「辻が花しぼり」を現代によみがえらせた芸術家。凝った技法をさらに完成させた技は「一竹辻が花」と呼ばれています。ケースなしで直接展示されているため、作品の細部までじっくり見て迫力を感じることができます。エントランス、中庭、本館の裏手まで続く散策路にも、一竹コレクションの印象的なオブジェが配され宝探しのようです。

C D 一竹の集めたインテリアが味を出している茶房「一竹庵」。抹茶と和菓子のセット（1000円）や軽食などがいただけます。窓際に座ると目線の高さにある庭は、数々の名庭園を手掛ける北山安夫の作。

E 能舞台をイメージした本館中央の展示スペースは、外観からは想像できないスケール感。樹齢200〜1000年の木を使い、宮大工やログハウスの技法を組み合わせた木組み構造は見事。
F 新館2階のトンボ玉特別展示室では、作家自らが収集したトンボ玉を展示。感性を刺激する世界のめずらしいものが集まっています。

map ▸ p49

住所　南都留郡富士河口湖町河口2255
電話　0555-76-8811
営業　9：30〜17：30（17：00）／12〜3月は10：00〜16：30（16：00）
休み　火（10〜11月・祝・1月第1火をのぞく）、12月26〜29日
料金　1300円　㊓高・大生900円ほか
電車　富士急行「河口湖」駅からタクシー10分
HP　www.itchiku-museum.com

白樺派文人たちが夢を叶えた芸術村

清春芸術村

art thema park

自由と理想を高く掲げた切磋琢磨の志しが今も

天然記念物に指定される桜群の美しさに感銘を受けた文芸評論家、小林秀雄が銀座の画廊に働きかけ、芸術村創設のきっかけをつくりました。「小さくても気持ちのいい、本物のわかる人が見て喜んでくれる美術館を建てたく思ふ」。武者小路実篤が同人誌「白樺」に発表した言葉が実現したのです。

白樺同人の芸術家、文筆家の作品と、彼らが影響を受け、日本に紹介したセザンヌ、ゴッホ、ロダンなどの作品を収蔵する「清春白樺美術館」、ピカソの後継者といわれたスペインの画家、アントニ・クラーベの作品を集めた「光の美術館」、そして礼拝堂やアトリエ、茶屋、陶芸窯、図書館にレストランなどが設けられています。近代日本文化に大きな影響を与えた白樺派の歩みをたどり、文化人たちの熱い想いを感じると好奇心が刺激されます。

芸術村の中央には、エッフェルが設計したパリ万博のワインパビリオン、通称「ラ・リーシュ（蜂の巣）」を模した建物が。現物はモンパルナスで芸術家たちのアトリエになっていましたが、こちらも芸術家たちのアトリエとして使われています（一部店舗をのぞき非公開）。

具象絵画を中心に、彫刻や舞台芸術など多岐にわたって活躍したクラーベの「光の美術館」。安藤忠雄の設計と聞けば納得の、シンプルなコンクリート打ちっぱなし。照明がなく、自然光のみで観賞するのがユニークです。安藤がクラーベの制作環境を意識して設計しました。

宗教画家、ジョルジュ・ルオーを記念する礼拝堂。壁面の銅版画、ステンドグラスやキリスト像はルオー自身が手がけたものです。

ゴッホ、セザンヌ、ピカソなど西欧近代の巨匠の作品と、白樺派の絵画、同人誌「白樺」などを展示する「清春白樺美術館」。

右は東京・新宿から移築し愛用の品なども展示する画家、梅原龍三郎のアトリエ。数寄屋造りを得意とした吉田五十八の設計です。左は建築史家、藤森照信の設計による茶室「徹」。樹齢80年のヒノキに支えられ、地上約4メートルの高さに位置します。

map ▸ p48

住所	北杜市長坂町中丸2072
電話	0551-32-4865
営業	原則10：00～17：00
休み	原則月（祝なら翌日）
料金	1500円　㈱小中学生無料
電車	中央線「長坂」駅から徒歩30分
HP	www.kiyoharu-art.com

MAP

長野の美術館めぐり

訪れれば実感するアート大国の底力

山々が連なり、1年中アウトドアのメッカでもある長野。国内有数のアート大国でもあります。文明開化の後、カナダ人宣教師によって避暑地として開かれ、日本のなかの外国といわれた軽井沢がまず大きい。徒歩やレンタル自転車でまわれる範囲にいくつもの美術館が。さらに、太平洋戦争時、東京周辺の文化人たちの多くが、海が遠く山に守られた長野に疎開しました。

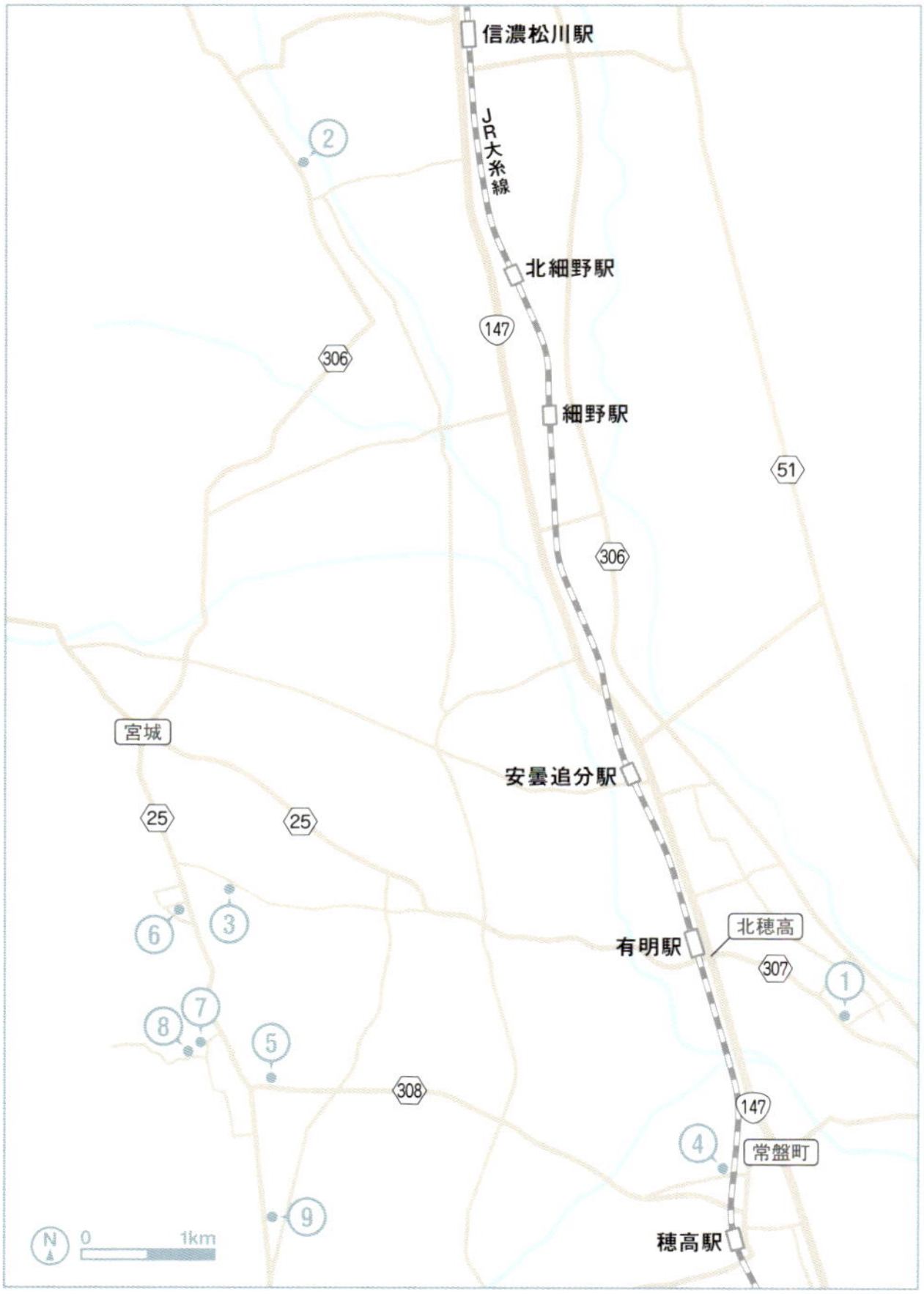

①高橋節郎記念美術館　②安曇野ちひろ美術館　③絵本美術館森のおうち
④碌山美術館　⑤安曇野ジャンセン美術館　⑥安曇野絵本館※
⑦安曇野山岳美術館※　⑧ミュージアムカフェバナナムーン※
⑨安曇野アートヒルズミュージアム※

※は地図のみ掲載

ゆたかな自然と人情に厚い土地柄にひかれ、長野を離れた後も関わりをつづけたり、愛情をもっていたりする文化人が多かったことが、アート大国形成の理由のひとつだという説も。

安曇野アートラインなど、県や自治体が一丸となってアート推しするエリアも。そんなわけで、長野ならば訪れる美術館には困りません。

碌山美術館

1 軽井沢ニューアートミュージアム
2 軽井沢ル・ヴァン美術館
3 千住博美術館
4 脇田美術館
5 ムーゼの森
6 軽井沢タリアセン
7 田崎美術館※

※は地図のみ掲載

奥村土牛記念美術館

美ヶ原高原美術館

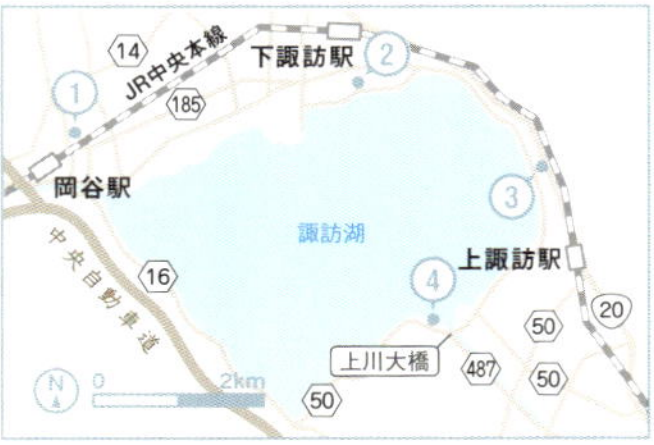

1 イルフ童画館
2 ハーモ美術館
3 北澤美術館
4 原田泰治美術館

A B 自然の中の屋外展示というと「箱根彫刻の森美術館」も有名ですが、ここはその姉妹館。

雄大な高原に点在する作品群

美ヶ原高原美術館

ウツクシガハラコウゲンビジュツカン

ぐるりと山並に囲まれて、夏は２００種類を超える高原植物が咲き乱れ、冬はスキーのメッカになる高原に、心が晴れ晴れする美術館があります。ゆるやかな起伏を描く４万坪の大地に根ざすように展示された３５０点もの現代彫刻。国内外の作家による、素材もテーマもさまざまな彫刻が、晴れた日には光を浴び、雨の日にはしっとりと。風や光、温度など、外的な環境が作品にとりこまれる展示は貴重でおもしろいもの。順路のない自由さも魅力です。

作品を見ながらのぼっていくと、一番高台にはヨーロッパの古城のような建物が。ここは６体のヴィーナスをはじめとした古典的な彫刻の模倣作品を集めた屋内展示場兼、屋上展望台。その他、企画展やイベントがおこなわれる屋内ギャラリーも。

map ▸ p63

住所 上田市武石上本入美ヶ原高原
電話 0268-86-2331
営業 9：00〜17：00（16：30）
休み 9：00〜17：00（16：30）、冬期
料金 1000円　㊓土曜日は保護者同伴の小・中学生無料ほか
交通 中央線「松本」駅タクシー1時間
HP www.utsukushi-oam.jp

C「こども美術館」のしゃぼん玉のお城は一番人気。子どもたちが遊びのなかで自然の造形のおもしろさに出合えることを願って設けられています。D雲海に浮かぶ山並みを見おろす雄大な「風のスイング」。E刻々と表情を変える高原の環境は、作品に予期せぬ一期一会の輝きを与える演出家。F道の駅「美ヶ原」と隣接し、高原観光の拠点にもなっています。道の駅らしく、地場の食事やスイーツ、おみやげの充実ぶりはさすが。

A 国や時代を飛び越えた独創的な世界感。情報の少ない時代、自らの内から湧いて出る感性でさまざまな絵を世に送りました。B 不思議な生きものたちが躍動する「青の魔法」。C その作品を見れば「見たことがある」「なんとなく懐かしい」と感じるはず。戦前からという時代を感じさせない画風は、独創性に満ちた深く広いイメージを表現しています。D イルフは「古い」の逆。語感にこだわり言葉遊びが好きだった武井の命名。

「本の宝石」を生んだ作家の世界

イルフ童画館

イルフドウガカン

岡谷の駅をおりると、美術館へと続く道には武井武雄の生んだ「ラムラム王」のレリーフや看板がいたるところに。街をあげて郷土ゆかりの芸術家を愛していることがわかります。画家、絵本作家として「子どもの心に触れる絵」の創造をめざし、大正から昭和50年代までに童画、版画、おもちゃなどさまざまな芸術分野で活躍した武井武雄。童画という言葉は、彼が生みだしました。

ライフワークとしていた刊本作品は、じっくりと見たい常設展示。ひとつひとつ違う素材、異なる技法でつくられたシリアルナンバー入りの絵本は、まさに「本の宝石」です。絵も文もすべてオリジナルでそれぞれが個性的。原則各300部限定で上梓された刊本を、この美術館では139作品収蔵しています。

Eアトリエの再現。ステンドグラスのデザインも本人によるもの。その多才ぶりがうかがえます。Fびっくりするほど手のこんだ刊本作品。専用の収蔵箱までありました。その貴重さ、美しさから「宝石」と呼ばれるのにも納得です。生涯、新しいことに挑戦し続けた武井のライフワーク。G岡谷の駅を降りるとラムラム王のレリーフや案内地図が出迎えてくれます。

map ▶ p63

住所	岡谷市中央町2-2-1
電話	0266-24-3319
営業	10：00～19：00
休み	水（祝をのぞく）
料金	500円　㊙中・高生300円ほか
交通	中央線「岡谷」駅から徒歩7分
HP	www.ilf.jp

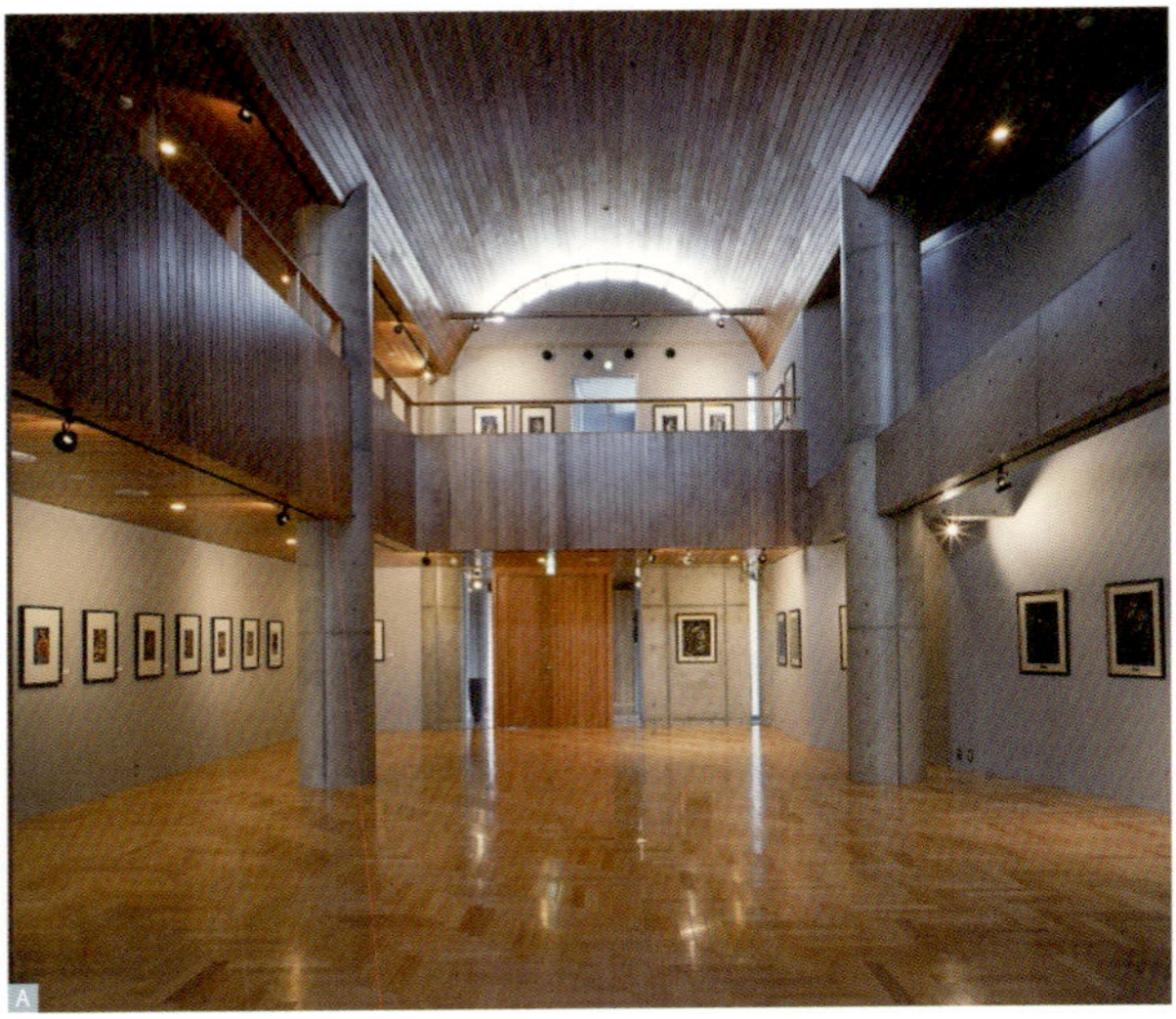

A ルオーやシャガールの版画を展示する優美な展示室。ピアノを設置して音楽会を開いたり、広く文化芸術を発信する場にもなっています。B 諏訪湖のほとり、晴れた日には美術館の入口から対岸に浮かぶ富士山が眺められるという眺望も自慢。2階の長い通路、展望窓からの風景もすばらしい。C D ユニークな形で芸術を楽しむ工夫のある建物。カフェ(コーヒー400円ほか)やショップも充実しています。E やさしいタッチの「春の花々」。

諏訪湖畔に素朴派の絵画が集う

ハーモ美術館

ハーモビジュツカン

素朴派とは「純粋な視点から自由な感受性を表現した」絵画の作風のひとつ。代表的な画家としてはアンリ・ルソーがあげられます。かつては「子どもが描いた絵のよう」といわれることもあった素朴派をコンセプトに掲げる美術館は世界でもめずらしいとか。迎えてくれるのは、なるほど素朴なモチーフとタッチで描かれた、やさしい絵画の数々。諏訪湖がきらめく展望窓をはじめ、建物の造りにも趣向が凝らされています。

map ▸ p63

住所 諏訪郡下諏訪町10616-540
電話 0266-28-3636
営業 9:00～18:00、10～3月は9:00～17:00
休み 無休
料金 1000円 割 小中高校生は土曜日は無料ほか
電車 中央線「下諏訪」駅から徒歩18分
HP www.harmo-museum.jp

屈指のガラス工芸コレクション

北澤美術館

キタザワビジュツカン

エミール・ガレやドーム兄弟に代表されるアール・ヌーヴォー期のガラス工芸を中心に、1000点あまりのガラス工芸品を収蔵。企画に合わせた作品を選んで展示しますが、いずれも作品への興味や理解が深まる工夫がされています。アール・ヌーヴォー、アール・デコといったガラス工芸が花開いた時期の時代背景、作家の足跡を感じさせ、工芸技術などもわかりやすく解説しながら、優美な作品をたっぷり見せてくれます。

A ひと口にガラス工芸といっても表現方法はさまざま。世界有数のコレクションに驚いたり感動したり。B 諏訪湖のほとりの三角屋根が目印。C 観賞後は諏訪湖を眺める2階の喫茶室で、ケーキセット（800円）などいただくのもおすすめ。D まばゆくきらめく「フランスの薔薇」。E 展示室の入口で迎えてくれるのは、もちろんガレの「ひとよ茸ランプ」（左）。ひとつひとつが微妙に違う作品の中、これはサインに特徴が。現物を見ながらスタッフに聞いてみてください。

map ▸ p63

住所　諏訪市湖岸通り1-13-28
電話　0266-58-6000
営業　9：00～18：00、10～3月は9：00～17：00
休み　不定休
料金　1000円　㊚小学生以下無料ほか
交通　中央線「上諏訪」駅から徒歩15分
HP　kitazawamuseum.kitz.co.jp

A 画家でありグラフィックデザイナーとしても活躍中の原田。その名前に覚えがなくても、絵を見ればきっと知っているはず。さらにイキイキと心に迫る原画の味わいは、実際に訪れて堪能してください。B 原田と親しい歌手のさだまさしが名誉館長を務めています。希望の虹を表現するシンボルマークの赤は太陽、青は湖、緑は信州の自然を表現。建物はバリアフリーが徹底しています。C D 諏訪湖のほとりに建ち、ティールームからの眺めがすばらしい。自然天然酵母のパン、高原牛乳タップリのプリン、特製のかりんティーなどがおすすめ（飲み物500円～）。

ふるさとを描く素朴画
原田泰治美術館
ハラダタイジビジュツカン

朝日新聞日曜版に連載されていた「原田泰治の世界」。日本の原風景を描いた、素朴であたたかみのあるイラストが心に残っています。足が不自由な原田は高台にあった自宅から下の集落を眺め、草花や虫を観察して過ごしました。そんな幼少期の体験が、作風に大きな影響を与えています。全国を取材し、現地の人々との交流を通して描かれるありのままの姿。現在も精力的に活動を続ける画家の故郷で出合えます。

map ▸ p63

住所 諏訪市渋崎1792-375
電話 0266-54-1881
営業 9：00～17：00
休み 月（11～4月）、年末年始
料金 820円 ㊓中・高生410円ほか
電車 中央本線「上諏訪駅」からタクシー7分
HP http://www.taizi-artmuseum.jp

A ガラス張りの外観にカラマツ林をイメージした白い柱の設計は西森陸雄。「さわやかな高原リゾート」が表現されています。 B C 企画展やイベントによって、感性が揺さぶられるような斬新なアートを紹介しています。 D E 近所の農家と連携し、朝採れの野菜をメインに軽井沢の大地の恵みを提供するレストラン「ピエトリーノ」。

日本の現代アート再発見の場

軽井沢ニューアートミュージアム

カルイザワニューアートミュージアム

2

017年、アートのメッカに開館した最新スポットです。戦後から現代までの日本作家の作品をメインに、サイトウマコトや草間彌生、前衛作家の作品などをコレクション。現代アートとひとくくりにされがちな作品を再度見直し、本当によいと思えるものを紹介していきたいとのこと。参加型の企画展やイベントも多く、アートの可能性を考えさせたり、アートを身近に感じさせたりする試みにも積極的です。

map ▶ p63

住所 北佐久郡軽井沢町軽井沢1151-5

電話 0267-46-8691

営業 10：00〜17：00、7〜9月は10：00〜18：00

休み 火（祝・8月をのぞく）

料金 1200円 割 65歳以上、高・大生900円

交通 しなの鉄道「軽井沢」駅から徒歩8分

HP knam.jp

A 三角屋根の吹き抜け、床の組目も美しい展示室。手仕事のぬくもりを伝える展示はじっくり見てまわりたい。建築に関する資料も豊富です。B この穏やかな環境のなか、作品を鑑賞した後ショップに並ぶグッズを見ていると、絵を描いたり、なにかをつくってみたくなります。

理想の学び舎をアート空間に

軽井沢ル・ヴァン美術館

カルイザワ ル・ヴァンビジュツカン

かつて芸術家や文人たちが集った軽井沢。その中心人物ともいえる西村伊作が東京・駿河台に創立した文化学院の建物を再現。芸術を生活として建築、絵画、陶芸など、ジャンルを超えて制作活動を続けた西村が、我が子のために自ら設計してつくった学校には、夢と理想と情熱が詰まっていたことでしょう。文化学院の教育に参加した知識人、西村と親交のあった芸術家たちの作品を中心としたコレクションと、折々の企画展。いずれにも文化で暮らしをゆたかにすることをめざした西村の志が息づいています。

　落ち着いた空気が流れる3つの展示室をゆっくりめぐった後は、気持ちのいい庭ごしのカフェとショップも、ぜひのぞいて見てください。「ゆたかさ」をしみじみと感じるはずです。

C D 神田・駿河台に建てられた学び舎は、軍事教育全盛期の当時、ひときわ目を引く建物でした。与謝野鉄幹と晶子、佐藤春夫、有島生馬などそうそうたる文化人たちが、西村の考えに賛同し教育に加わりました。E 絵画、陶芸、建築、執筆…感性と才能で幅広く仕事や趣味にいそしみ、多くの作品を残した西村。その人となりにふれる展示室。F 広々とした庭ごしに浅間山を望むカフェは来館者以外の利用も可能。G ランチセット各種1100円～。キッシュは特に人気のメニュー。

map ▸ p63

住所 北佐久郡軽井沢町長倉957-10

電話 0267-46-1911

営業 10：00～17：00

休み 水（祝なら翌日）

料金 800円　㊓大学・高校生600円ほか

交通 しなの鉄道「軽井沢」駅からタクシー10分

HP www.levent.or.jp

B

C

A

D

アートと建築の鮮烈なコラボ

千住博美術館

センジュヒロシビジュツカン

現代における日本画の存在や技法は、千住博によって世界に認知させられたといわれます。東京、京都、ニューヨークを拠点に活動をつづけ、東洋人としてはじめてヴェネツィアビエンナーレ絵画部門で名誉賞を受賞。滝に代表されるその絵は、自然への畏敬に満ちているように感じられます。

自然と文化が調和する軽井沢の地に、アートと建築による特別な空間を生み出そうと計画された際、美術作家として千住が、建築家として西沢立衛が選ばれました。西沢は金沢21世紀美術館の設計で知られるＳＡＮＡＡのメンバー。既存の地形を活かし、森と美術館、公園とリビングが一体化したような空間を生みだしました。画家の願いである「新しい発見があった」という体験をぜひここで。

E

G

F

A 鹿の家族の冒険を描いた連作「星のふる夜に ♯14」。B 外光の入らない展示室では、ブラックライトに照らされた滝が厳粛なムードをかもしだします。C 自然のそばに身を置くことを日本文化の根幹ととらえる画家の絵を、森の風景に溶け込むように展示。D 色づかいも表情も味わい深い「遥か(青い鳥) 1978」。E 土地の形や起伏に合わせてゆるやかに傾斜した一室空間。UVカットの大きなガラス窓から外光、緑、風景が入り、自然と芸術が融合します。F G 軽井沢の老舗ベーカリー「ブランジェ浅野屋」のこだわりのパンを食べながらくつろげるベーカリー・カフェ。

map ▸ p63

住所 北佐久郡軽井沢町長倉815

電話 0267-46-6565

営業 9：30〜17：00（16：30）

休み 火（祝・7〜9月をのぞく）、12月26日〜2月末日

料金 1200円 ㊓学生800円ほか

交通 しなの鉄道「中軽井沢」駅からタクシー5分

HP www.senju-museum.jp

A 友人宅のリビングにいるように親しげな雰囲気の展示室。 B 画家の愛用した画材や道具が当時のままに配置されたアトリエは、今でも毎日使われているよう。 C 曲線を描く外観が周囲の自然に寄り添います。造形作家である息子の愛二郎のオブジェ作品も。 D 建具をすべて戸袋に収納し、清々しい空間を演出する吉村お得意の手法で仕上げられた山荘。広い窓、木のぬくもり感、家具までトータルプロデュースされ居心地抜群（限定公開）。

昭和の名建築を洋画が飾る

脇田美術館

ワキタビジュツカン

脇田和は明治から平成を生き、あたたかみのある洋画を数多く制作。ドイツで絵画の技法を学んで帰国し、国内外で高く評価されて多くの賞を受賞しました。文化人が集った軽井沢の地を愛し、友人の吉村順三に依頼して制作に集中できる山荘を建てた脇田は、その後、自身の基本構想にのっとって美術館の展示部分の建設を進めました。くつろぎながら絵を鑑賞できるよう、ゆったりとしたスペースが用意されています。

map ▸ p63

住所	北佐久郡軽井沢町旧道1570−4
電話	0267-42-2639
営業	10：00〜17：00、夏期ほか特別期間10：00〜18：00
休み	11月下旬〜6月中旬
料金	1000円 割小・中生無料
電車	しなの鉄道「軽井沢」駅から徒歩10分
HP	www.wakita-museum.com

感性ゆたかな漆工芸の粋

高橋節郎記念美術館

タカハシセツロウキネンビジュツカン

星空や化石をモチーフにした高橋節郎の漆工芸品は世界的に評価されています。自由で現代的なデザインと伝統工芸を融合させ、独自の世界感を生み出した漆作品のほか、貴重な墨彩画や書なども常設され、幅広い作家活動を知ることができます。敷地の中には登録有形文化財の生家（主屋）が残り、公開されています。対して水に浮かんだようなスタイリッシュな展示室の外観も、安曇野の自然に不思議とマッチしています。

A

B

A B 動植物にふれ、古墳を掘って遊んだ体験がもととなった情感ゆたかな作品は、漆工芸品の枠にとどまりません。C 歴史を感じさせる重厚な生家。ギャラリーとして使える蔵とともに、原則無料開放されています。D ファサード（建物正面）と中庭に水が張られ、現代的な外観に開放感と緊張感の両方をもたらします。北アルプスをのぞむ建物内には展示室以外の無料開放エリアも。

C

D

map ▸ p62

住所 安曇野市穂高北穂高408-1
電話 0263-81-3030
営業 9：00〜17：00
休み 月（祝をのぞく）、祝翌日（土・日をのぞく）、年末年始
料金 400円 ㊓70歳以上の安曇野市民無料ほか
交通 大糸線「穂高」駅からタクシー10分
HP www.city.azumino.nagano.jp/site/setsuro-muse

A デザイン性と構造上の条件を両立する天井の意匠など、熟練の職人技を必要とした建物。木のぬくもりと大きな開口部が心地いい空間をつくりだしています。B ふんわりとした水彩画で描かれた子どもや花の絵は、いつ見てもやさしい気持ちにさせてくれます。「りんごと天使」。C D トモエの学園の様子が再現された「トットちゃん広場」の電車は大人気。車両「モハ」は図書室、もう1両の「デニハ」は教室です。

ピクニック気分で過ごしたい

安曇野ちひろ美術館

アズミノチヒロビジュツカン

信州・安曇野の清らかな空気、四季折々の花々が揺れる自然のなかに、いわさきちひろの絵を訪ねるのが楽しい。安曇野はちひろの両親の出身地。ちひろにとっても親しく懐かしい場所です。

隣接するトットちゃん広場(安曇野ちひろ公園内)には電車の教室が置かれ、ちひろの絵で印象深いトットちゃんの世界を体感できます。美術館と公園で、ゆっくり一日過ごすのがおすすめ。お弁当持参もよし、美術館のカフェでは、ちひろが愛したスイーツもいただけます。

北アルプスに抱かれた大自然にたたずむ美術館の設計者は内藤廣。ちいさな屋根が連なる様子が山並のようです。見るたびにやさしい気持ちになるちひろの原画や絵本のほかに、世界の絵本の展示コーナーもあります。

F

E

G

E やさしい曲線を描くイスも展示の一部のような展示室。子どもから大人までくつろいだ気持ちで絵に向き合える余裕のあるスペースづかいです。F ちひろグッズを選ぶ人々の笑顔が行き交うミュージアムショップ。G 設計者の内藤廣は、東京・練馬のアトリエを改装した「いわさきちひろ美術館」も手がけています。ひちろの長男であり美術館の創設者、松本猛は「作品といっしょに建物も楽しむことが、この美術館の魅力」との考えて内藤に設計を依頼しました。H「ぶどうをもつ少女」。パープルはちひろのお気に入りの色だったそう。

map ▸ p62

住所 北安曇郡松川村西原3358-24
電話 0261-62-0772
営業 9：00〜17：00
休み 不定休
料金 800円 ㊓65歳以上700円ほか
電車 大糸線「信濃松川」駅からタクシー5分
HP chihiro.jp／azumino

H

A 親しげな雰囲気のなか、やさしい絵本の世界に没頭できます。B 季節や天候によって表情も気分も変わる自然に囲まれた美術館とコテージ。リピーターが多いことにも納得です。C 小展示室はコンサートやお話会の会場にもなります。D カフェ「ポラーノ」では宮沢賢治の作品にちなんだメニューのほか、企画展示に合わせた特別メニューも登場。

宮沢賢治の想いを伝える

絵本美術館 森のおうち

エホンビジュツカン モリノオウチ

その名にぴったりの、自然に抱かれたちいさな美術館。お話会や音楽会にも使える展示室、ゆったり落ち着いた展示空間、約８０００冊の蔵書がある図書館から絵本の魅力を発信しています。

世界の絵本原画を収蔵するなか、力を入れているのが宮沢賢治の世界観を伝えること。カフェ「ポラーノ」や宿泊できるコテージ「ジョバンニ」など、作品にゆかりの名前がつき、やわらかなイメージを活かした空間になっています。賢治が童話を通して訴えた「生きとし生けるものの生命の大切さ、平等さ、自然との共存」。その心を受け継ぎ、信州の自然のなかでさまざまなアートを紹介しています。絵本の世界から飛び出して、すばらしさを多角的に伝えるお話会やパフォーマンスも好評です。

E 併設のコテージは、まさに森のおうち。とっておきの朝ごはんをいただけるのは宿泊者の特権です。F 子どものサイズに合わせたかわいい図書館。G 年に5～6回のペースで企画展を実施。作者や場所、物語のモチーフなど、さまざまな切り口の企画で絵本の楽しさや広く深い世界を見せてくれます。

map ▸ p62

住所　曇野野市穂高有明 2215-9
電話　0263-83-5670
営業　9：30～17：00 (16：30)、1～2月は～16：30 (16：00)
休み　木
料金　800円　㊖小・中・生500円ほか
交通　大糸線「穂高」駅からタクシー10分
HP　www.morinoouchi.com

A

教会のようなロマネスク様式の建物は、碌山と同じキリスト教徒だった今井兼次の設計。洋画家として留学した荻原守衛は、ロダンと出会って彫刻家となり、碌山を名乗るように。道ならぬ恋に悶え苦しみながら制作した彫刻の数々は、希望と絶望の両方を秘めているといわれます。30歳で没した後も、その想いと作品は人々の心を揺さぶり続けます。やがて、約30万人の寄付によって生地に美術館が建てられました。

B

A 尖塔のてっぺんには避雷針の役割もかねる不死鳥が。建設工事では地元の学生たちが瓦リレーや石運びを手伝いました。桜の春、ツタの絡まる夏、秋の紅葉…四季に彩られる素朴な美術館です。B 展示室では躍動感に満ちた彫刻が待っています。碌山の代表作の他、高村光太郎ら、碌山と親交のあった芸術家たちの展示スペースも。C 碌山のデッサンや油絵が見られる「松江館」の貴重な展示。D ミュージアムショップを兼ねる憩いスペース。

C

夭折の天才の魂が宿る

碌山美術館

ロクザンビジュツカン

map ▶ p62

住所　安曇野市穂高5095-1
電話　0263-82-2094
営業　9：00～17：10（16：40）、11～2月は9：00～16：10（15：40）
休み　月、祝翌日、12月21～31日（5～10月無休）
料金　700円　(割)高校生300円ほか
電車　大糸線「穂高」駅から徒歩7分
HP　www.rokuzan.jp

D

A暗い展示室に浮かび上がる作品たち。空間全体が画家の絵の独特な世界観にマッチしています。BCレンガの壁に三角屋根。おとぎの世界の洋館のようですが、展示作品はどれも生々しく、ちょっと寒々しいイメージ。そこに人生の重みと希望が織り交ぜられています。Dオリジナルグッズも豊富なギャラリーショップ。

孤高の画家、唯一の個人美術館

安曇野ジャンセン美術館

アズミノジャンセンビジュツカン

アルメニアの鬼才、ジャン・ジャンセン。人間の生の姿にこだわり、モデルの内面に肉薄した画家の気迫のこもった作品を専門に集めた、世界唯一の美術館です。10歳で戦禍のさなかの故郷を追われた彼にとって、自然ゆたかなこの地は祖国を思わせるものだったとか。明るい木々のアプローチを抜け展示室に入ると、そこは一転、暗い照明の展示室。スポットに浮かび上がる作品と静かに向き合う時間が用意されています。

map ▸ p62

住所　安曇野市穂高有明4018-6
電話　0263-83-6584
営業　9：00～17：00、12～3月は10：00～16：00
休み　火（祝・8月をのぞく）、年末
料金　850円　㊓小・中学生500円ほか
電車　大糸線「穂高」駅からタクシー7分
HP　www.musee-de-jansem.jp

A 天井から床まで、どこを見ても貴重なものばかり。すばらしい照明、欄間の意匠…何度でも行きつ戻りつしてじっくり眺めてください。B 手入れの行き届いた庭、何度も塗り直しを重ねている漆喰の白さ。この建物が愛されていることがわかります。

至高の日本画をゆかりの館で

奥村土牛記念美術館

オクムラドギュウキネンビジュツカン

現代日本画壇の最高峰ともいわれる奥村土牛。セザンヌの影響を受け、それまでの日本画の枠にとどまらない自由な作風が画壇に衝撃を与えました。模写を重要視する日本画の作法よりも、スケッチを好んだというエピソードも。

和室にアトリエが再現され、床の間に自然な形で作品が掛けられた純和風の豪邸は、戦後、東京から疎開した土牛が過ごした家。といっても、当時は土蔵を借りて生活していたのですが。この建物は、造り酒屋を営む地元の豪商、黒澤一族が迎賓館として築いた屋敷でした。選び抜かれた一流の材料で造られたため、昭和2年の落成当時の建具がそのまま使われています。作品と同じくらい貴重な建物が、作品と一体となって美術館の価値を創造しています。

E

C 木材を格子状に組んだ格天井《ごうてんじょう》は、格式の高いもの。和の空間に土牛の作品がはまっています。D 東京・杉並区永福のアトリエを再現したスペース。E わずかなゆがみを見せるガラスも、鍵などの建具も当時のまま。差し込む光のやわらかさが違います。F 踊り場スペースに置かれたテーブルセットは、観賞中のひと休みにぴったり。

map ▸ p63

住所　南佐久郡佐久穂町穂積1429-1
電話　0267-88-3881
営業　9：30〜17：00
休み　月、祝翌日、年末年始（8月は無休）
料金　500円　㊢町民無料ほか
交通　小海線「八千穂」駅から徒歩1分
HP　www.town.sakuho.nagano.jp/shisetsu/okumuratogyu

C

D

F

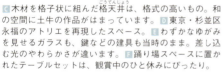

子どもから大人まで楽しめる絵本とおもちゃの森

ムーゼの森

art thema park

絵本とおもちゃの文化背景 歴史と意義も伝える

道をはさんだふたつのエリアに、絵本の美術館、人気ガーデナー、ポール・スミザーが手掛けたナチュラルガーデン、おもちゃの博物館があり、緑に囲まれてお茶や食事を楽しめるカフェも。どこからまわろうかと園内を歩いているだけで、清々しい気持ちに。

「絵本の森美術館」では、絵本が生まれた背景や、世界初の絵本などを紹介。絵本300余年の歴史をひもとく展示は「ムーゼの森」のコンセプトである「知的好奇心の探求」にふさわしい。ふたつの展示館でバラエティゆたかな企画展をおこない、第一展示館にはおなじみ、ピーターラビットの部屋も。

「エルツおもちゃ博物館」は、ドイツ・エルツ地方の伝統工芸を集めています。鉱山の街から世界的なおもちゃの街へ。そんなエルツ地方の生まれ変わりの歴史も興味深い。

木々に囲まれた「絵本の森美術館」の第一展示室。

初版本などの貴重資料、絵本原画が数多く収蔵されています。

A

ショップ（上）では楽しいオリジナルグッズ、図書館ではめずらしい絵本に出会えるかも。

B

「エルツおもちゃ博物館」の伝統郷土工芸を見ると、時代も場所も違うはずなのに、なぜか懐かしい感じがします。もともとは家族のためにつくっていたおもちゃが、その愛らしさ、緻密さ、イキイキとした風情から世界的な人気となっていきました。

C

ドイツ語で「静けさ」「憩い」を表すカフェ「ルーエ」は入館者以外も利用可能。サンドイッチや、採れたて果実のオリジナルドリンクが人気。

map ► p63

住所　北佐久郡軽井沢町長倉182

電話　0267 - 48 - 3340

営業　9：30～17：00（16：30）、12～1月は10：00～16：00（15：30）

休み　原則火、1月中旬～2月末（GW及び7～9月は無休）

料金　セット券1100円ほか　㊢小学生以下無料ほか

電車　各線「軽井沢」駅からタクシー10分

HP　museen.org

MAP

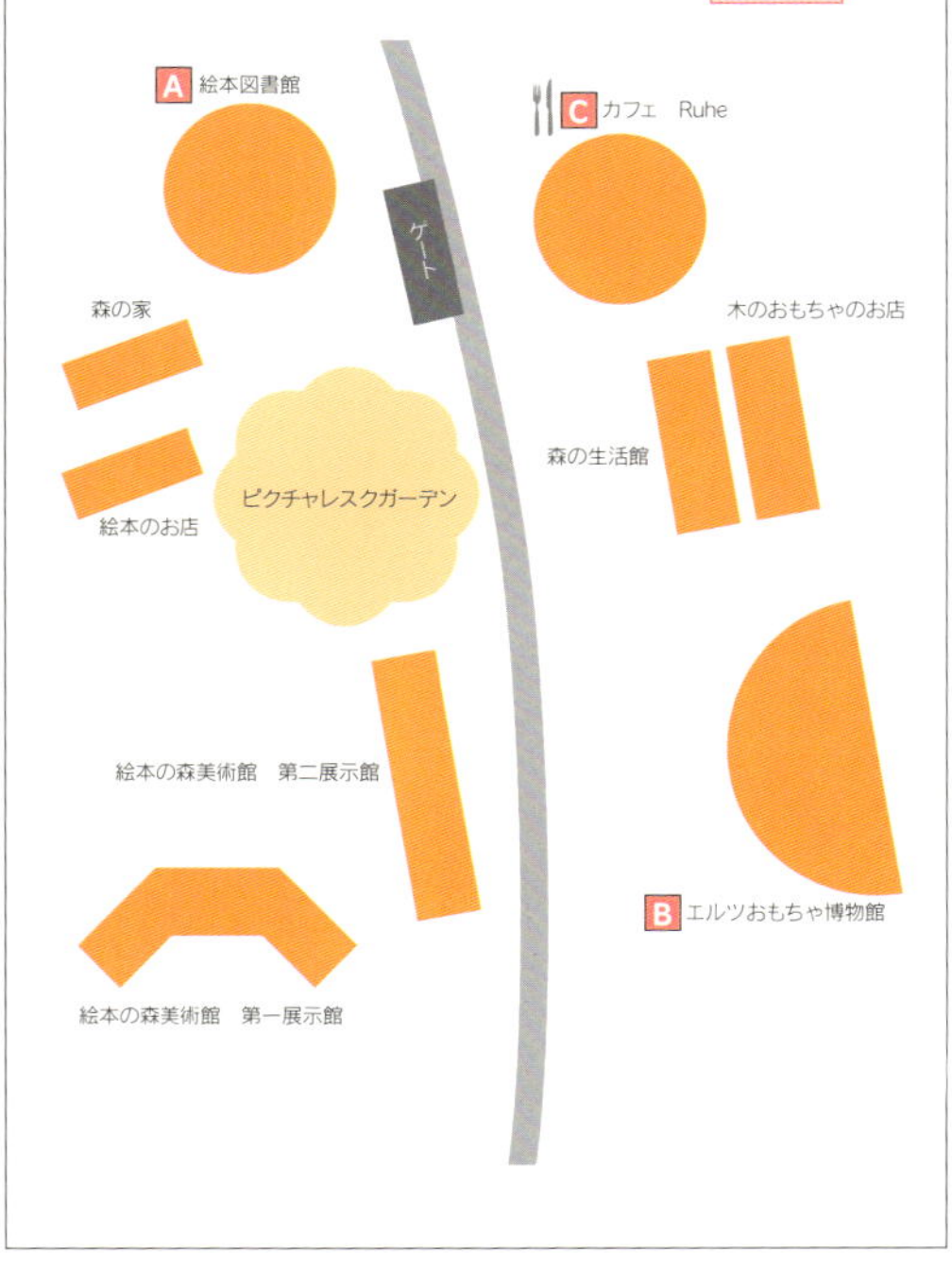

塩沢湖のほとりに広がる美と知の世界

軽井沢タリアセン

art thema park

文人が集った軽井沢の歴史と文化を今に伝える

大正期、日本のなかの西洋ともいえる独自の文化を築いた軽井沢の地。「タリアセン」は、そんな特別なエリアに集った人々の情熱や息吹を受け継ぎ、今に伝える施設です。その名は、ケルト神話に登場する、芸術をつかさどる知恵者の妖精からとったもの。

仲むつまじい恋人たちの絵を描きつづけたペイネと、野の花を愛した洋画家、深沢紅子の作品を集めたふたつの美術館に、軽井沢の歴史を伝える貴重な資料が集められた資料館「軽井沢文庫」など、見どころがいっぱいです。それぞれ建物自体も貴重な文化財なのでじっくり見てまわりたい。保存のためにここに移された建物もあります。

カフェやレストラン、ショップも充実しています。すぐ隣の「ムーゼの森（86ページ）」と合わせて、アート三昧するのもおすすめです。

A

日本で数々の西洋建築を手がけたヴォーリズ設計の「睡鳩荘」。フランス文学者、朝吹登水子が別荘としていました。

C

独特のやさしいタッチが人気のレイモン・ペイネ。その初の個人美術館である「ペイネ美術館」の開館時には、本人が訪れて絵を描きました。建物は建築家、アントニン・レーモンドのアトリエ兼別荘でした。

B

「明治四十四年館」の愛称で親しまれ、旧軽井沢の郵便局舎であった建物を、保存のためここに移築。1階はレストラン、2階は「深沢紅子 野の花美術館」。

D

堀辰雄、立原道造などの軌跡が鮮明に残る軽井沢。タリアセンは地元と連携して、建物や資料の保存運動に取り組んでいます。「軽井沢高原文庫」は、2万点もの資料を収蔵。企画に合わせて公開しています。

map ▸ p63

住所 北佐久郡軽井沢町塩沢湖217
電話 0267-46-6161
営業 原則9：00～17：00
休み 不定休
料金 セット券1500円ほか (割)小中学生800円（セット券）ほか
電車 しなの鉄道「軽井沢」駅からタクシー10分
HP www.karuizawataliesin.com

アートをおもちかえり

ミュージアムグッズをcheck!

「さすが」といいたくなるシャレたグッズが豊富なミュージアムショップ。オリジナルグッズや一期一会の品も多いのでお見逃しなく。

food

思い出とともに香る
(DIC川村記念美術館：P112)

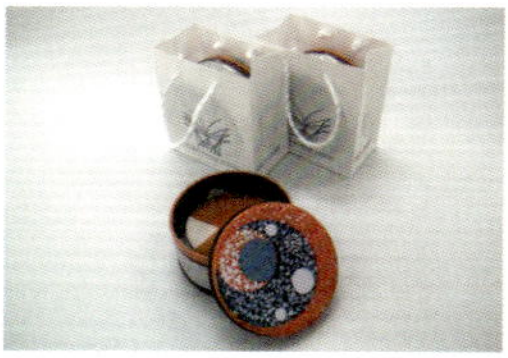

手土産にいいゴーフレット
(箱根ラリック美術館：P34)

アート的金太郎あめ
(DIC川村記念美術館：P112)

シャレたドラジェはお祝いにも
(ポーラ美術館：P32)

Daily goods

図録はお買い得品多し
(箱根ラリック美術館：P34)

アートな手ぬぐいは使える
(箱根ラリック美術館：P34)

雨の日が待ち遠しい？
(ポーラ美術館：P32)

優美なハンカチが気になる
(資生堂アートハウス：P12)

ダリはアリにこだわりが
(諸橋近代美術館：P136)

椿のデザインはお手のもの
(資生堂アートハウス：P12)

愛らしいフックを我が家に
(森のおうち：P80)

ヴェネチアンビーズが光る
(箱根ガラスの森美術館：P40)

群馬の美術館めぐり

バラエティゆたかに広く点在する美術館

温泉地で知られる伊香保エリアには、いくつもの美術館が点在します。全体的には、個人の美術館から公立の大規模な美術館まで、バランスよく存在しているといえるかも。収蔵品をもたず企画展で構成される美術館など、新たな試みを積極的にとりいれる美術館も増えています。興味のある企画を見つけたら、温泉など周囲の観光情報と合わせて計画を立ててみては。

①ハラミュージアムアーク　②竹久夢二伊香保記念館
③渋川市美術館・桑原巨守彫刻美術館※
④伊香保おもちゃと人形自動車博物館※
⑤伊香保保科美術館※　⑥群馬ガラス工芸美術館※

大川美術館

天一美術館

富弘美術館

アーツ前橋

※は地図のみ掲載

A凛としながら奥ゆかしいたたずまいが包み込むのは、充実したコレクション。他では見られない巨匠のデッサンや習作もあって宝探しのよう。B油彩、水彩を含め50点以上描かれたという麗子像のなかでも、正面の「麗子像」（岸田劉生）はめずらしい。この絵は8歳の麗子といわれています。

東西の巨匠名作が集う穴場

天一美術館

テンイチビジュツカン

水上温泉郷の奥、緑深い山のなか、清涼な谷川が流れる環境に、風情のある美術館がひっそりと建っています。岸田劉生、熊谷守一、梅原龍三郎、北大路魯山人など、日本を代表する芸術家の作品が豊富に。さらにロダンやルノワール、ピカソといった西洋の巨匠の作品も展示されています。めずらしい「正面麗子像」をはじめ、巨匠の素描なども収蔵。確かな選択眼によって選び抜かれた貴重な作品が揃っています。

　名建築と名高い建物を設計したのは、ロックフェラー邸の設計で知られる吉村順三。遺作となったこの美術館には、ゆったりとした展示室、庭を眺めながらひと息つきたい窓際のコーナーなど、特別な時間の流れに身を置けるような空間が用意されています。

C「陶器の部屋」。ウェブサイトでは「傑作」「西欧への憧憬」「和餐の秀逸」などわかりやすく分類がされていて、コレクションの意味合いが理解できます。 D暖炉のあるフリースペース。来館者がゆたかな自然を感じながら自由に過ごせる場所がたっぷり用意されています。観賞後は入口ショップ横のスペースでハーブティーのサービスがいただけます。 E山を背負い谷川を抱いた立地、刻々と変わる自然の表情を建物内にとりこむような吉村らしい設計。 F画家の独特なタッチが花の生命力を伝える熊谷守一「百日草」。

map ▸ p91

住所　利根郡みなかみ町谷川
電話　0278-20-4111
営業　9：30〜17：00（16：30）
休み　冬期
料金　1300円　㊔未就学児無料ほか
電車　上越線「水上」駅からタクシー5分
HP　tenichi-museum.com

A 建ち並ぶ黒いとんがり屋根が印象的。ハートの作品「Kokoro」（ジャンミシェル＝オトニエル）が明るく迎えてくれます。国内外で活躍する設計者の磯崎新は、水戸芸術館ほか美術館設計も多く手掛けています。B 隣接する牧場には動物との触れ合いやものづくり体験コーナーも。美術館とのセット券も人気です。

現代アートと古美術の出会い
ハラミュージアムアーク

東京・品川の原美術館の別館として、榛名山の麓、自然ゆたかな環境に１９８８年、オープンしました。スタイリッシュな設計は、水戸芸術館設計をはじめ、国内外で活躍する磯崎新によるものです。立ち並ぶ建物はそれぞれショップや展示室で、現代アートを中心とした企画展やコレクション展をおこなっています。奥に建つ和風の建物は、２００８年、書院造りを参照にして増設された「観海庵」。東洋の古美術と現代アートが展示され、美術館としての幅が大きく広がりました。

芝生に映える赤いガラスのハート作品をそっとくぐり抜けたり、芝生のなかにたたずむパヴィリオンで虹に囲まれたり。展示にもインスタレーションなどが多く、見るだけでなく体感できるアートもたっぷり。

「Sunspace for Shibukawa」
オラファー・エリアソン
©2009 Olafur Eliasson

C 廊下の吹き抜け窓から見る景色は、借景まで計算されたアート作品のよう。D 大きな屋外アートの間を歩いて、カフェ「ダール」でランチもおすすめ（アラカルト1000円～）。E オリジナリティあふれるミュージアムショップを抜けて、バンガローのように3つにわかれて建つ展示室へ。手前作品、遠藤利克「Lotus」1989年。F 直線的な黒の建物がグリーンに映えます。右のシルバーの作品のなかは晴天時、プリズムの虹で満たされています。

D E Photo：齋藤さだむ

map ▸ p91

住所 渋川市金井2855-1
電話 0279-24-6585
営業 9：30～16：30（16：00）
休み 木、元旦、冬期（1月中旬～3月中旬）
料金 1100円　割70歳以上550円ほか
電車 上越線ほか「渋川」駅からタクシー10分
HP www.haramuseum.or.jp

B

A

A館内のいたるところに置かれたアンティーク時計は、スタッフが毎日見回り定期的にねじを巻くのだとか。B3階のカフェ「港屋サロン」も大正ロマン一色です。C夢二といえば美人画のイメージですが、ここではさまざまな夢二の仕事を見ることができます。

C

大正ロマンの世界にひたる

竹久夢二伊香保記念館

タケヒサユメジイカホキネンカン

50年ほどの短い生涯で、美人画をはじめ雑誌の挿絵や本の装丁、小説、日用品や広告のデザインまで多岐にわたる作品を残した竹久夢二。はじめて訪れて以来、伊香保の地を愛した夢二は、榛名湖畔にアトリエを構えて手仕事の重要性を訴えました。その地に建つ記念館は、夢二の世界にひたれる大正ロマンの館。蔵造りの本館「大正ロマンの館」と、和洋折衷の「夢二黒船館」で構成されています。

代表作「黒船屋」だけの蔵座敷は予約制。「黒船屋」が公開されるのは夢二の誕生日、9月16日前後の2週間のみ。もちろん、おなじみの美人画、貴重なデッサンや俳句などの作品はもちろん、海外から買いつけたアンティークも見応えたっぷりなので、いつ訪れても楽しめる仕掛けがいっぱいです。

D 夢二の魂が呼ぶかのように、ファンや研究者から寄せられた作品や資料は1万6000点以上。E 窓枠やドアなどのパーツは厳選したアンティーク。一流品を集めることで夢二の生きた時代を再現し、その世界に誘います。見事な庭園もゆっくり歩きたい。F ミュージアムショップでは、当時ファンがこぞって訪れたという「港屋絵草子店」にいるような気分で夢二オリジナルグッズを。3階のカフェ「港屋サロン」も大正ロマン一色です。

map ▶ p91

住所	渋川市伊香保町544-119
電話	0279-72-4788
営業	9：00〜18：00、12〜2月は17：00
休み	無休
料金	1600円　㊕中学生以下保護者同伴で無料ほか共通券など
電車	高崎線ほか「渋川」駅からタクシー15分
HP	yumeji.or.jp

心底惚れ込んだ画家のために

大川美術館

オオカワビジュツカン

洋画家、松本竣介に魅せられて絵画蒐集にのめりこんだ大川栄二が、自らのコレクションを公開するために設けた美術館。もとはあるスーパーの社員寮として建てられた建物なので、美術館としてはちょっと変わった造りに感じられます。低層集合住宅の部屋のように並んだ展示室のひと部屋ひと部屋はちいさなスペースで天井も低め。何気ない街の風景を、抑えた色彩で描いた松本の作品に似合っているような気がします。

A「特別な形、意識で絵に対峙するのではなく、日常のなかでくつろぎながら大好きな絵に親しみたい」という大川氏の想いが形になったような展示室。36歳の若さで亡くなった松本の絶筆といわれる作品も収蔵されています。B C 開放的なティールーム。季節ごとのスウィーツのなかでも人気のクリームレモンパイ。

D 急勾配の坂に建つため、美術館を入るとそこは5階。螺旋階段をおりて展示室をめぐっているうちに、自然と1階に到着します。

map ▸ p91

住所	桐生市小曾根町3-69
電話	0277-46-3300
営業	10：00～17：00
休み	月（祝なら火）
料金	1000円 ㊓65歳以上800円ほか
電車	上毛電鉄「西桐生」駅から徒歩8分
HP	okawamuseum.jp

A 1階ギャラリーは常時入場無料。地域ゆかりの作家を含むコレクション展などをおこなっています。B 既存の商業施設が、改装により本格的な公共美術館として生まれ変わりました。衣をまとったようなやわらかなフォルムが特徴的。建物内には図書閲覧コーナーやカフェ、ショップも。C 地域アートプロジェクトにも積極的。アーティストを募集し前橋市に滞在して制作をしてもらったり、地場産業を見直す働きかけをしたり。館内のみの活動にとどまることなく、日常とアートを結ぶ試みを街に広げることをめざしています。(photo：木暮伸也) D 2つのフロアをつなぐ階段もしゃれた意匠。

企画とイベントで魅力発信

アーツ前橋

アーツマエバシ

企画展やイベントでアートの魅力や可能性を発信する美術館。2フロアのスペースを多角的に活用しています。「私たちは食べものでできている」「ことばの生まれる場所」など身近なテーマや「協働としてのアート」「多様な美との対話」など、じっくりアートと向き合うための企画など、興味深い催しが次々とおこなわれています。収蔵は全国レベルで活躍した、地域ゆかりの作家の絵画や立体作品などです。

map ▶ p91

住所 前橋市千代田町5-1-16
電話 027-230-1144
営業 11：00〜19：00（18：30）
休み 水、年末年始
料金 企画展ごと
電車 両毛線「前橋」駅から徒歩10分
HP www.artsmaebashi.jp

筆をくわえて綴る絵と言葉

富弘美術館

トミヒロビジュツカン

事故により首から下の自由を失った星野富弘。絶望の淵で絵筆を口にくわえて絵や文章を書きはじめます。生きる勇気を真摯に伝えるメッセージが広まり、この山深い美術館には世界中から来館者が訪れます。外から見るとシンプルな正方形の建物ですが、内部の壁はすべて曲線を描いているという不思議。展示室にも正面がありません。自由に見てまわることで、親近感とスケール感を同時に味わえる不思議な空間です。

A 設計コンペに1211もの案が集まったことで話題に。ヨコミゾマコトがシャボン玉の集合体をイメージして設計した建物は、日本建築学会作品賞ほかを受賞。B 展示室の壁は、部屋ごとに住民参加で選ばれました。それぞれ色や素材を変えているので、いろいろな雰囲気のなかで絵に向き合えます。C 四角い箱の内部に33もの円筒が詰め込まれたユニークな構造。

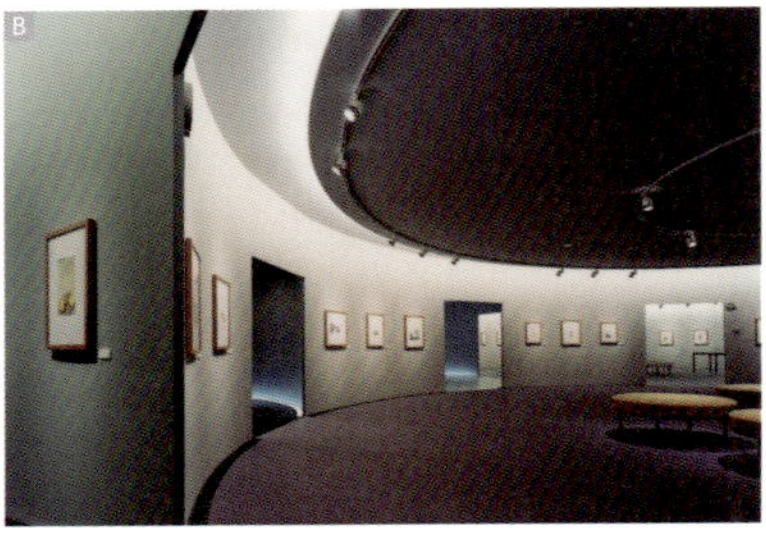

map ▸ p91

- 住所 みどり市東町草木86
- 電話 0277-95-6333
- 営業 9：00〜17：00（16：30）
- 休み 月（4〜11月をのぞく、祝なら翌日）、年末年始ほか
- 料金 500円 割 小・中学生300円ほか
- 電車 わたらせ渓谷鐵道「神戸」駅からタクシー8分
- HP www.city.midori.gunma.jp/tomihiro

D 草木湖のほとりに建ち、カフェ（コーヒー400円〜）からの眺めも気持ちいい。道の駅として登録され、周辺にはぐるりと散策路が。

埼玉の美術館めぐり

小江戸川越を中心に こだわりの美術館が

美術館という点では、あまり目立たない印象かもしれません。けれど、重要文化財の建物や、そこに代々伝わるお宝を公開するスポットなど、いろいろな楽しみ方ができる美術館があります。小江戸と呼ばれ蔵造りの建物が並ぶ川越は、街歩き自体楽しい。徒歩圏内に美術館が点在するのも貴重です。それ以外の交通の便がよくない場所にも、機会を見つけて訪れてほしい。

①ヤオコー川越美術館
②山崎美術館
③川越市美術館※
④蘭山美術館※

※は地図のみ掲載

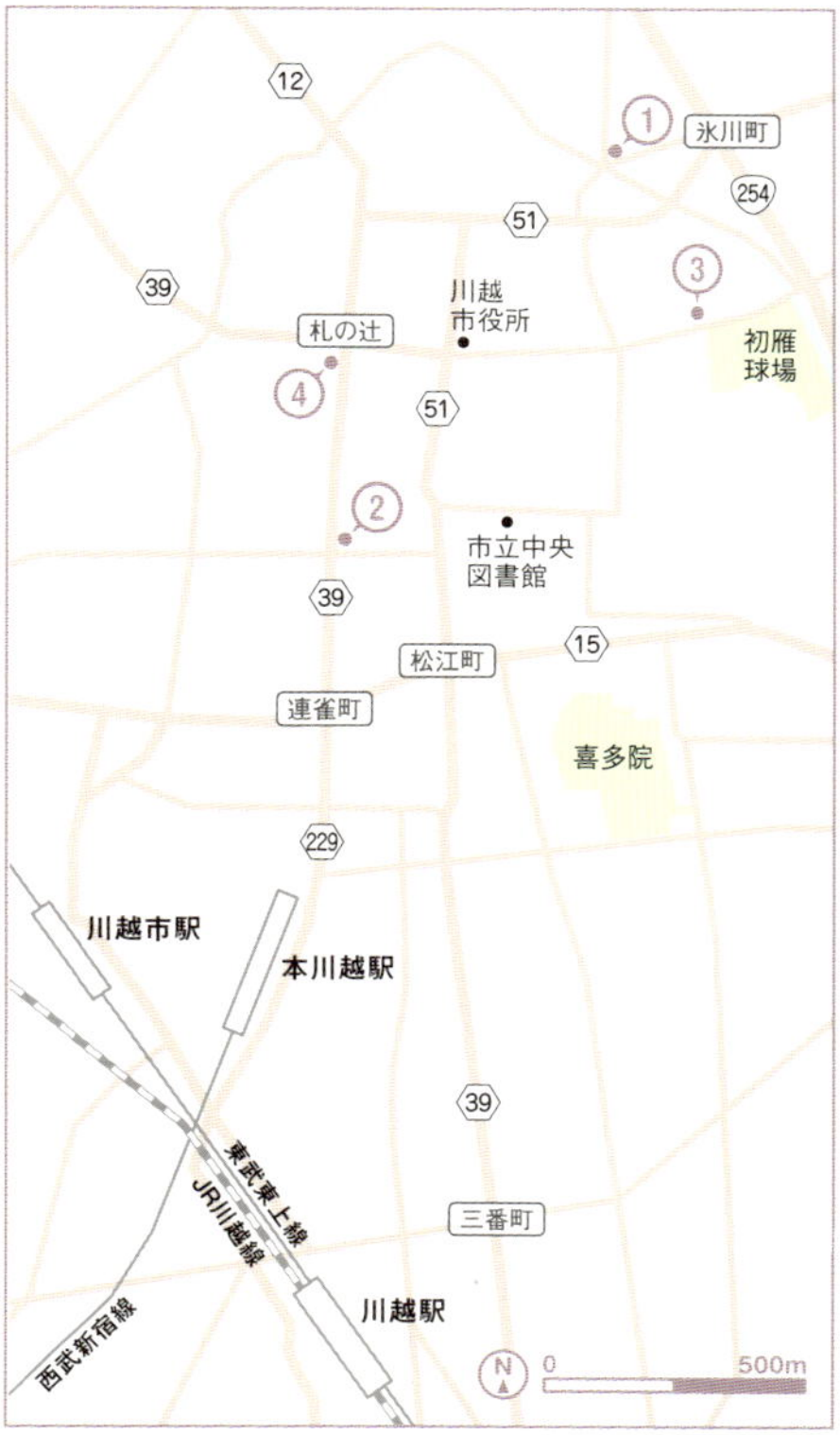

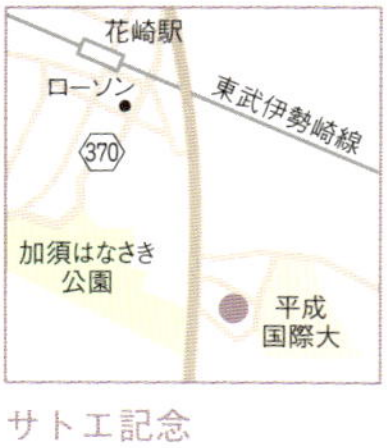

サトエ記念
21世紀美術館

遠山記念館

B ふたつの展示室、ショップ、ラウンジの4つの空間は、共に約10メートル四方。外観のシャープさに対し、あたたかみを感じさせます。C 水に浮かべることで、無機質な箱が自然に溶け込みます。小川が流れ、春には桜が美しい環境は周辺散策も楽しめます。D 第19回安井賞を受賞し、国立近代美術館に収蔵された「老いる」の習作。「老いた母を写生している間中、涙が止まらなかった」と語った画家は、「老いゆくいのち」に真正面から向き合ったといいます。

A 桜は画家が好んで描いたモチーフです。ずっと見ていたい。何度でも観たい。「爛漫」には、そんなふうに見る者を引き込む魅力があります。

リアリズム画と名建築のコラボ

ヤオコー川越美術館《ヤオコーカワゴエビジュツカン》

街の散策も楽しい小江戸川越の小さな美術館。小規模でも、はっきりしたコンセプトが個性と魅力を放つ穴場美術館です。収蔵するのは地元の洋画家、三栖右嗣の作品のみ。三栖は現代リアリズムの巨匠と呼ばれ、風景や人物などを写実的でありながら、あたたかみを感じさせる筆致で描き出しました。この美術館は、世界で愛される三栖作品の充実したコレクションで知られています。

同時に、世界的建築家、伊東豊雄の設計が建築ファンも惹きつけます。水に浮かぶ箱のような建物は、外から見ると無機質な印象。内部には表情の異なるふたつの展示室が。素材も天井の形も違うため、展示室によって作品の見え方が変わります。空間のゆたかさにより、実際よりもずっと広く感じられます。

E

G

F

H

map ▶ p101

住所　川越市氷川町109-1

電話　049-223-9511

営業　10:00～17：00（16：30）

休み　月（祝をのぞく）、年末年始

料金　300円　㊓中学生以下無料ほか

電車　埼京線ほか「川越」駅からタクシー7分

HP　www.yaoko-net.com/museum

E独特な柱の使い方は伊東豊雄の得意技。好きなように絵の世界に没頭できる展示室です。F H桜の大作と向き合いながら、おはぎと抹茶のセット（400円）でほっとひと息。Gエントランスのショップにはオリジナルグッズのほか、アートや建築、地元ネタの本も。

B E Photo：阿野太一

老舗和菓子屋の蔵に見る

山崎美術館

ヤマサキビジュツカン

A 古い蔵が並ぶ川越でも、ひときわ目をひく立派な建物。表通りに面したお店は、お菓子を買いに立ち寄る人々でいつもにぎわっています。B 角を曲ると美術館の入口。

蔵造りの古い商家が立ち並び、景観条例に守られた川越の目抜き通り。風情のある和菓子の老舗「亀屋」の蔵を利用した美術館は、建物内をめぐるだけでも興味津々です。家に代々伝わる美術品や工芸品のなかでも、コレクションの中心は、川越藩のお抱え絵師として活躍した橋本雅邦の絵。狩野派に学んだ雅邦は、岡倉天心らと協力し、現・東京芸大の礎を築いたことから、近代日本画の育ての親といわれています。

そのほかにもお菓子の木型など、伝統的なお菓子づくりの道具やレシピとして伝えられた古文書も展示。今ではつくれる職人がいないという貴重な型などが、完成品の模型と並んでいます。日常的に使われている建物に並べられた品々は、身近で親しみを感じます。

C 籠った感じと重厚な造りがわくわくさせてくれます。観賞後は縁台でお茶とお菓子がいただけます。D 緻密なお菓子の模様型はバラエティゆたか。手仕事のぬくもりが伝わるよう。E 橋本雅邦の日本画を中心に家宝がたくさん。F 大正14年に建てられた川越市指定文化財、旧山崎家別邸は美術館から歩いて5分ほど。豪奢な造り、ステンドグラスや格天井、大正時代には画期的だった水洗トイレなど見どころがいっぱい。時間が合えば無料（入館料100円）でガイドもしてもらえます。

map ▸ p101

住所 川越市仲町4-13

電話 049-224-7114

営業 9:30〜17:00（16:30）

休み 木（祝をのぞく）

料金 500円　㊟高・大生350円ほか

電車 西武新宿線「本川越」駅から徒歩7分

HP www.koedo-kameya.com/original8.html

A 門から園内に入ると小川が流れる見事な日本庭園。芝生の緑に彫刻が映えます。受付では鯉のエサ（100円）も売っています。B 美術館というよりは邸宅におじゃまする感じ。

優美な日本庭園に並ぶ名作彫刻

サトエ記念21世紀美術館

サトエキネンニジュウイチセイキビジュツカン

「日本庭園と彫刻と絵画の美術館」と銘打たれた通り、小川が流れる広々とした日本庭園に彫刻が並んだ様子は見応えがあります。春の桜、秋の紅葉など、四季折々の情感のなかで見る彫刻は風情が増したように感じられます。館内に進むと、エントランスに続いて彫刻展示サロンが。ロダンはじめ国内外の名作が、樹齢数百年という秋田杉柱の支える空間にゆったりと展示されています。ゆとりのある館内を包んでいる落ち着いた雰囲気は、アートに触れる舞台としてぴったりです。

　モーリス・ド・ヴラマンク、モイズ・キスリング、田中圭ほか、埼玉ゆかりの画家の絵画と彫刻を合わせ、約1000点を収蔵。豊富なコレクションを活用し、地域に根ざした企画展をおこななっています。

C

B

map ▶ p101

住所　加須市水深大立野2067

電話　0480-66-3806

営業　10：00～17：00

休み　月（祝なら翌日）

料金　900円　㊔未就学児無料ほか

電車　東武伊勢崎線「花崎」駅から徒歩15分

HP　www.satoe-museum.or.jp

C 埼玉ゆかりの画家の絵画や彫刻、合わせて約1000点ほど。D 屋外の彫刻は、よりイキイキして見えるのが不思議。E 絵画の展示室は3空間。企画展は原則年4回、常設展示も時期ごとに展示替えを行います。F ロダンの「石を背負ったカリアティード」など、名作彫刻が迎えてくれる彫刻展示室。木のぬくもりと彫刻の存在感がマッチしています。

D

貴重な美術品と邸宅を公開

遠山記念館

トオヤマキネンカン

日興證券の創設者である遠山元一が母にプレゼントした邸宅。それは、全国から銘材を集め、当時の建築技術の粋を集めた日本家屋でした。現在は国の登録有形文化財に指定され、公開されています。建物だけでなく、1万1000点に及ぶ美術工芸品コレクションにも重要文化財が多数。世界の染織品をメインに、日本や中国の書画、陶磁器、人形など多岐にわたるお宝があり、年6回のテーマ展で順次公開しています。

A 昭和11年竣工とは思えない現役感。邸内を流れる空気からも大切にされていることがわかります。生家を模した豪農造り、来客のための書院造りの大広間、母のための数寄屋造りの和室。3つの棟にわかれ、総建坪は400坪。見事な庭でもゆっくりしたい。B「酉と縁起物」、春は「花の美術」など、日本文化や季節の味わいを伝える展覧会、お茶会や投扇興など伝統的な和の遊び、たしなみを体験するイベントを開催。写真は「雛の茶会」。

C 平安時代、藤原公《ふじわらのきん》任《とう》作の「石山切伊勢集」。当時の趣味人たちの垂涎の的といわれるような逸品がここにも、そこにも。

D 昭和45年竣工の美術館は、改修を経て生まれ変わる予定。

map ▸ p101

住所	比企郡川島町白井沼675
電話	049-297-0007
営業	10：00～16：30（16：00）
休み	月（祝なら翌日）、年末年始
料金	700円　㊟中学生以下無料ほか
電車	高崎線「桶川」駅からタクシー15分
HP	www.e-kinenkan.com

※美術館は2018年4月まで改修のため閉館（邸宅と庭園はオープン）。改修終了などの詳細はウェブサイトでご確認ください。

千葉の美術館めぐり

時間をとってまわりたい特徴のある美術館ぞろい

こだわりのあるユニークな美術館が多い千葉。世界でもめずらしい写実絵画専門の美術館、日本離れした庭園のなかにある美術館、湖にもオブジェを配した美術館など、おすすめの美術館がたくさんあります。掲載外でも、海に近くない「海岸美術館」や、たくさん猫に囲まれる「松山庭園美術館」など、ひと筋縄ではいかない美術館がいろいろ。

1. ホキ美術館
2. DIC川村記念美術館
3. 市原湖畔美術館

A

B

めずらしい写実絵画美術館
ホキ美術館
ホキビジュツカン

A B 千葉県最大の公園「昭和の森」に隣接し、自然光や窓からのぞく緑が心地いい。地上1階、地下2階の構成で、鉄骨が浮いているように見える外観が特徴的。「日本建築大賞」ほか多数受賞。

絵画の概念を超えるリアルさは、一瞬写真かと思うほど。スーパーリアルとも呼ばれる写実画のみを集めた専門美術館は世界でもまれです。国内の現役画家を中心に、約50作家、450点の写実絵画を収蔵という規模もすごい。この美術館のために描きおろされた作品もあります。目にすることの少ない写実絵画とじっくり向きあい、繊細で緻密な世界観に触れることができる貴重な空間です。

コレクションだけでなく建物もユニーク。一部が宙に浮いたような不思議な外観、長い展示スペース、窓からのぞく公園の緑。展示スペースの内観はシンプルで、目に入るのはほぼ絵のみ。ピクチャーレールやワイヤーも用いず、色温度が一定したLEDを全館に採用。絵に集中できる環境にこだわっています。

C イタリアンレストラン「はなう」ではパスタランチコース（2500円）が人気。カジュアルなカフェもあります。D 写実絵画は一般的に描くのに時間がかかるといわれますが、実際に作品の緻密さを見れば納得。写真は野田弘志「蒼天」2010年。E 創設者、保木将夫氏の肖像画もまるで写真のよう。野田弘志「崇高なるもの」CP6／2016年。F まだめずらしいほぼ全館LEDの照明は天井に埋め込まれています。作家の希望によりハロゲンランプの使用も可能。床は疲れを軽減するゴム素材で、長時間の鑑賞への配慮を感じます。

G 写実画作品自体がめずらしいので、オリジナルグッズも個性的。来館者以外も買い物でき、来館者はチケットがあれば1日何度でも美術館に出入り可能。見て、隣接の公園で遊んで、また見る、なんてこともできます。

map ► p109

住所	千葉市緑区あすみが丘東3-15
電話	043-205-1500
営業	10:00～17：30（17：00）
休み	火
料金	1800円　㊓65歳以上1300円ほか
電車	外房線「土気」駅からタクシー10分
HP	www.hoki-museum.jp

A 日本ではないような光景。心地よい非日常感にひたれます。B モネの「睡蓮」をはじめ、ルノワール、シャガール、ブラックなど、巨匠の作品をまとめて鑑賞できます。

印象派から現代アートまで一堂に

DIC川村記念美術館

ディーアイシーカワムラキネンビジュツカン

印刷インキの製造・販売で創業したＤＩＣ株式会社の総合研究所。広大な敷地の一画に、おとぎ話のような庭園、お城のような建物が現れます。第2代社長が、長谷川等伯の「鳥鷺図」からコレクションをはじめ、ピカソ、カンディンスキーなど20世紀の美術を中心に、新進画家や現代絵画にも着目。１０００点を超える一大コレクションとなりました。

17世紀の巨匠レンブラントから現代画家の作品まで、名作のほまれ高い作品を一堂に見ることができるのはうれしい。加えて、物語のある作品が多いのがこの美術館の特徴です。毎日14時からのガイドツアー（自由参加・変更有）に、ぜひ参加してみてください。秘話を聞けば興味が深まり、より一層鑑賞を楽しめるはずです。

D

C

C 白い空間に窓の外の緑が鮮やか。グレーを基調とする作品とのバランスが見事な「トゥオンブリー・ルーム」。サイ・トゥオンブリーの無題の2作を展示するぜいたくな空間です。天気によって印象がまったく違うのだとか。（Photo：渡邉修） D「美しい眺め」を意味するイタリアンレストラン「ベルヴェデーレ」は、その名の通り窓からの清々しい緑の光景が自慢。デザート盛り合わせもつくパスタセット1600円ほか。

F

E

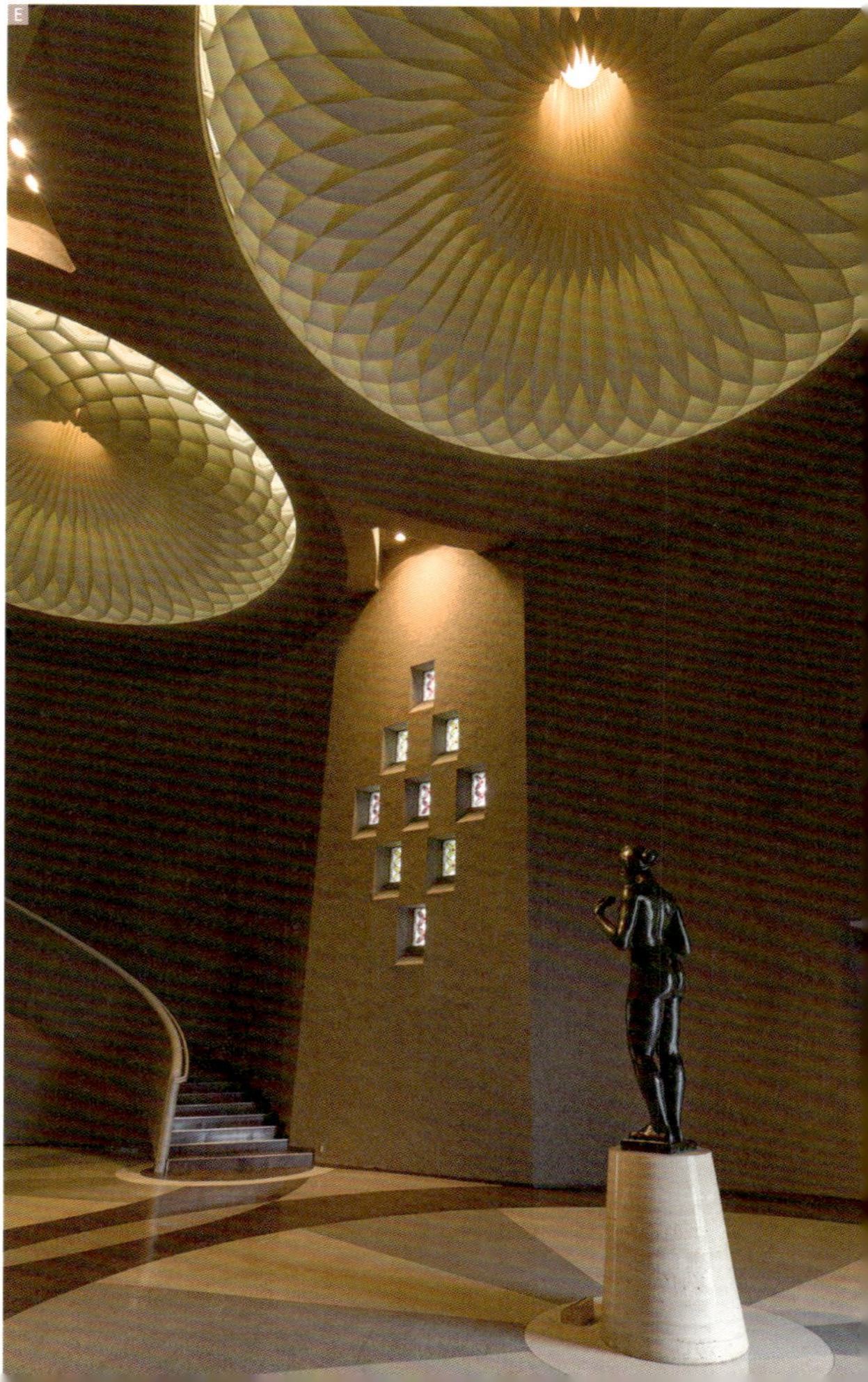

E 天井部の意匠が印象的なエントランスホール。ヴィーナス像が訪れた人を迎え入れます。 F レンブラントの肖像画「広つば帽を被った男」は、もとは奥様を描いた肖像画と対で飾られていたそうです。ちょっと切ない秘話のさらに深い話は、ガイドツアーで直接聞いてください。

map ▶ p109

住所	佐倉市坂戸631
電話	043-498-2131
営業	9:30〜17:00（16:30）
休み	月(祝なら翌平日)、年末年始
料金	企画ごと
電車	総武線「佐倉」駅から無料送迎バス20分
HP	kawamura-museum.dic.co.jp

C 来館者以外も利用できるショップには、アート関連グッズのほか、房総に関する商品が並びます。D 自家窯焼きピザの「Pizzeria BOSSO」。イノシシと落花生という地場産食材三昧のピザは2000円、旬の房総果物のフレッシュジュース550円など。

A 竹林のように風に揺れるアートワーク。B 高滝湖を眺める展望台は高さ28メートルの揚水機。河川や湖から汲み上げた水を、農地など必要な場所に安定供給するための装置です。釣人のボートが行き交う湖のなかにもオブジェが点在しています。

地域に溶け込むアートスポット

市原湖畔美術館

イチハラコハンビジュツカン

市制50周年を迎え、アートを媒体とした地域づくりに焦点を当てた市原市が、既存の展示施設をリニューアル。企画展やイベントに力を入れ、独創性に富んだ企画を展開しています。日本初と思われるラップに関する展覧会や、インスターレーションや双方向性をもたせた展覧会など、ユニークな企画が目白押し。高滝湖のほとりというロケーションを活かし、室内でアートを鑑賞するだけでなく、屋外の環境も含めてアート体験をしたり、食べたり遊んだり、誰もが気軽に立ち寄ってそれぞれに楽しめる施設です。

常設展示は市原市収蔵作品のなかから年に4回入れ替え。特に市原にアトリエを構えて活動する銅版画家、深沢幸雄の作品は450点以上。国内有数のコレクションです。

千葉

E 建物の基礎は1995年に建てられた展示施設。既存建物の仕上げ材をはがしてコンクリートの構造体を残し、スチールの板を壁材としてリノベーション。ぐるっと回遊できる構造はもともとのもの。周辺環境と一体化してさまざまな体験ができる美術館をめざしたとのこと。F 屋上に向かう階段もアート空間。コンクリートなのに、なぜかあたたかみを感じる建物です。G エントランスにあたるフリーエリアのアートワーク（Photo：Tadashi Endo）

map ▸ p109

住所　市原市不入 75-1
電話　0436-98-1525
営業　平日10：00～17：00、土、休前日9：30～19：00、日、祝9：30～18：00
休み　月（祝なら翌平日）、年末年始
料金　企画ごと
電車　小湊鉄道「高滝」駅から徒歩10分
HP　lsm-ichihara.jp

心もおなかも満たされる

美術館でいただきます！

季節ごと、企画展に合わせてなど、メニューの工夫もいろいろ。美術館のメニューにはおいしいワクワクが盛りつけられています。

やっぱりスイーツ！

季節のフルーツでつくるケーキセットははずせない。
（諸橋近代美術館：P136）

甘味とお茶のセットは和の美術館の定番メニュー。
（久保田一竹美術館：P58）

気持ちを明るくしてくれそうなティータイム。
（箱根ガラスの森美術館：P40）

滋味深さを感じる手づくりのオリジナルケーキ。
（森のおうち：P80）

雰囲気も味わい深い

アートも自然もおいしい食事も胸いっぱいに味わいながら。
（横須賀美術館：P44）

しっかりお食事

宮沢賢治リスペクトの雨ニモマケズとまとごはん。
（森のおうち：P80）

とろりチーズのパニーニはランチに十分のボリューム。
（諸橋近代美術館）

満足感たっぷりのランチセットはどれも人気。
（ポーラ美術館：P32Av）

エンタテイメントも

ファンが通う陽気なコンビによるカンツォーネの生演奏。
（箱根ガラスの森美術館：P40）

和でほっとひと息

男子に人気の生姜焼きが美術館でも食べられる。
（軽井沢ル・ヴァン美術館：P72）

和の甘味はあっても食事はめずらしめ。
（河口湖ミューズ館：P55）

茨城の美術館めぐり

伝統芸術を支えた地 今も残る芸術への想い

横山大観、菱田草春ら、近代日本を代表する巨匠が師匠の岡倉天心とともに制作活動をおこなったり、日本陶芸界が誇る板谷波山の出身地であったり。茨城は日本の伝統芸術と結びつきの深い土地です。そのため、伝統美術や工芸に関わる美術館が多く存在します。陶芸の街、笠間もちょうどよく美術館めぐりができる街。その他、篆刻専門などめずらしい美術館も。

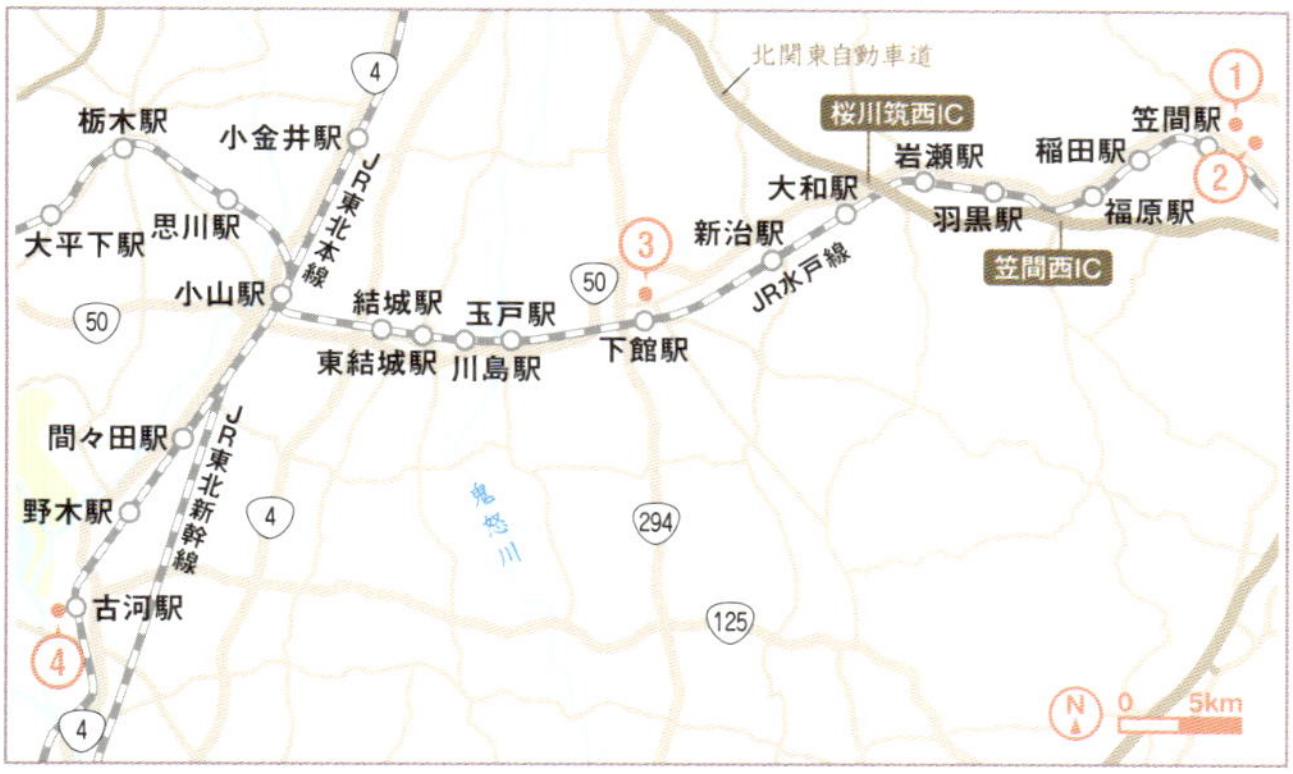

①笠間日動美術館
②陶芸美術館
③板谷波山記念館
④篆刻美術館※
※は地図のみ掲載

茨城県天心記念
五浦美術館

板谷波山記念館

A 明るい陽射しがそそぐ企画展示室のロビー。B フランス館の1階展示室。おなじみの巨匠の絵を一堂に観賞できます。

C 美術館オリジナルグッズのほか、グッゲンハイム美術館のグッズや海外のジュエリーも揃うミュージアムショップ。D 絵が描かれたパレットがずらりと並ぶパレット館。2階にはアンティークドールの展示も。

3館+野外でアートを満喫

笠間日動美術館

カサマニチドウビジュツカン

のどかな丘に点在する彫刻。特徴のある3つの建物。フランス館には印象派をはじめとするフランスゆかりの巨匠作品が常設展示されています。ルノワールの絵画と彫刻、ドガ、モネ、ゴッホに藤田嗣治など、幅広い作品が一堂に。パレット館は画家が愛用のパレットに描いた絵を展示するめずらしい空間です。画家の個性や遊び心が表れていて興味深い。企画展示館では、写真や工芸を含むさまざまな特別展を開催。岸田劉生と弟子の椿貞雄の企画展など、美術を深く知ることのできる展示が話題です。

芝生や花々をバックに彫刻がのびのびと配置された野外彫刻庭園を歩きまわり、テラスが気持ちいいカフェで美術館の感想を話し合う時間も満ちたりたものになるでしょう。

F

E

G

E ゴッホらしさが出ている「サン＝レミの道」。狂気のなか精神病院の周辺を描いた作品でありながら、明るく躍動的な筆致が印象的。F 「カフェ・ド・ローブ」（コーヒー400円ほか）はテラス席がおすすめ。春の桜も秋の紅葉も見事。G 野外彫刻庭園では、国内の代表的な具現彫刻家の作品19体を展示。H ルノワール「泉のそばの少女」。

map ▸ p117

住所	笠間市笠間978-4
電話	0296-72-2160
営業	9：30〜17：00（16：30）
休み	月（祝なら翌平日）
料金	1000円　㊀65歳以上800円ほか
電車	常磐線「友部」駅からタクシー15分
HP	www.nichido-museum.or.jp

H

陶芸の伝統から新潮流まで

陶芸美術館

トウゲイビジュツカン

陶芸家としてはじめて文化勲章を受章した板谷波山は茨城県の出身。近代陶芸の祖といわれる波山の作品から、陶芸の人間国宝35人全員の作品、さらに現在活躍中の陶芸家まで、陶芸の魅力を丸ごと伝えようという専門美術館です。常設展示は波山のほか、地元ゆかりの人間国宝、松井康成の作品など。「ときめく」「識る」「楽しむ」美術館として、伝統工芸と新しい造形美術をテーマに、さまざまな試みを展開しています。

A

A 常設展、テーマごとの企画展の展示室のほか、笠間焼の歴史や技法を解説するコーナーも。B エントランスロビーと隣接するミュージアムショップ。人間国宝の作品も購入できます。レストラン「風の丘」では、出品作家の器で提供されるメニューも。C 陶芸の人間国宝全員の作品や、国内外のすぐれた陶芸作品が集合する展示室。D 板谷波山「葆光彩磁葡萄紋花瓶」。E 陶芸の街として知られる市の中心部「笠間芸術の森公園」内の高台に建ち、眺望もすばらしい。敷地内には板谷波山の生涯を描いた映画「HAZAN」で工房を再現したロケセットが移築されています。

B

C

D

E

map ▶ p117

住所	笠間市笠間2345 （笠間芸術の森公園）
電話	0296-70-0011
営業	9：30～17：00（16：30）
休み	月（祝なら翌平日）、年末年始
料金	310円　割70歳以上無料ほか
電車	水戸線「笠間」駅からタクシー5分
HP	www.tougei.museum.ibk.ed.jp

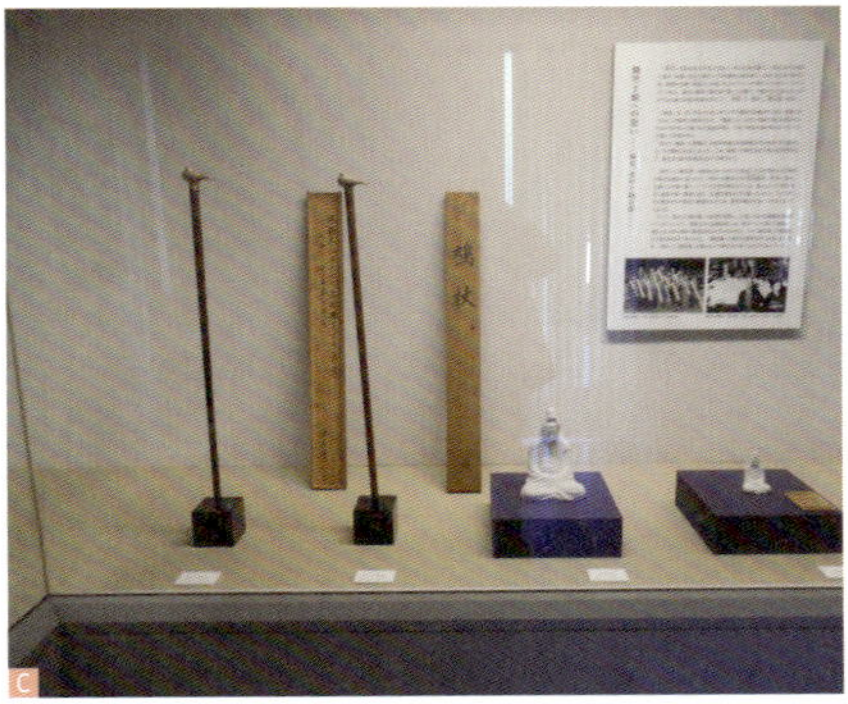

A 生家は味のある日本家屋。B 東西の工芸美を融合させたといわれる波山。陶芸家としてはじめて文化勲章を受章した際の記念写真も展示されています。C 陶芸作品以外の展示も貴重。高齢者のための鳩杖や観音像のほか、道具類も収蔵。D 田端の工房で実際に使われていた三方焚口倒焔式丸窯。

貴重な美術品と生家を公開

板谷波山記念館

イタヤハザンキネンカン

茨城が誇る陶芸界の巨匠、板谷波山の足跡を伝える記念館として、生家敷地に開館。その後、生家や庭園、工房、展示館などを整備し、記念公園となりました。東京・田端に工房を構えていた波山ですが、故郷への愛は深く、昭和20年の空襲後はこの地で一時期、疎開生活を送りました。記念館には田端の工房で実際に使われていた窯や各種道具など、制作の場の様子が保存され、掛軸や素描などの貴重な展示も見どころです。

map ▸ p117

住所 筑西市田町甲866-1
電話 0296-25-3830
営業 10：00～18：00（17：30）
休み 月（祝なら翌平日）、年末年始
料金 200円 ㊙高校生以下無料ほか
電車 水戸線「下館」駅から徒歩10分
HP www.city.chikusei.lg.jp

A 天心の書斎の再現。27歳の若さで現・東京芸術大の2代目学長となった天心。堪能だった英語を駆使し、東洋の美術・文化を欧米に紹介するなど、美術運動家として国際的な視野で精力的に活動しました。B 五浦海岸の高台に建つ美術館。周囲には六角堂や日本美術院跡などの史跡も点在。C 和をテーマにしたショップ。カフェテリア「カメリア」は、お茶から食事までメニューが豊富。おすすめは「ローストビーフのクロワッサンサンドセット（820円）」。D 常設の岡倉天心記念室。

日本美術院の地で巨匠を偲ぶ

茨城県天心記念五浦美術館

イバラキケンテンシンキネンイヅラビジュツカン

岡倉天心は横山大観、菱田春草らを育てた人物です。五浦海岸の地を気に入り居宅を構えた天心は、明治39年、自らが設立した日本美術院の第一部（絵画）を五浦に移転させます。そこでは新しい日本画の創造をめざした弟子たちによって、近代日本画史に残る名作が生み出されました。収蔵は大観、春草、下村観山ら、五浦で活躍した日本画家の作品が中心。企画展のほかコンサートなどのイベントも開催しています。

map ▶ p117

住所	北茨城市大津町椿2083
電話	0293-46-5311
営業	9：00〜17：00（16：30）、10〜3月は9：30〜17：00（16：30）
休み	月（祝なら翌平日）、年末年始
料金	190円　割70歳以上無料ほか
電車	常磐線「大津港」駅からタクシー5分
HP	www.tenshin.museum.ibk.ed.jp

栃木の美術館めぐり

めぐるなら那須 地域性を感じる館多し

美術館めぐりで栃木をめざすなら、まずは那須がおすすめ。個人の美術館を中心に、オルゴールや影絵、ステンドグラスなども含めたバラエティゆたかな美術館が集まっています。温泉との組み合わせもいいでしょう。そのほかには益子焼の美術館、栃木市に多く残る蔵を活用した美術館など、地域の特性を活かした美術館が多いのも、興味深い特徴のひとつです。

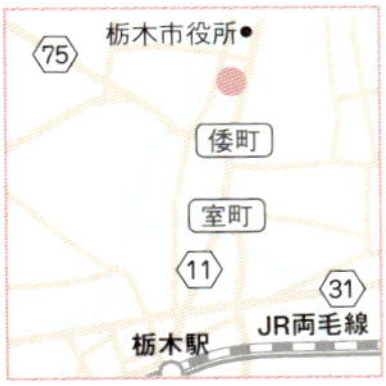

とちぎ蔵の街美術館

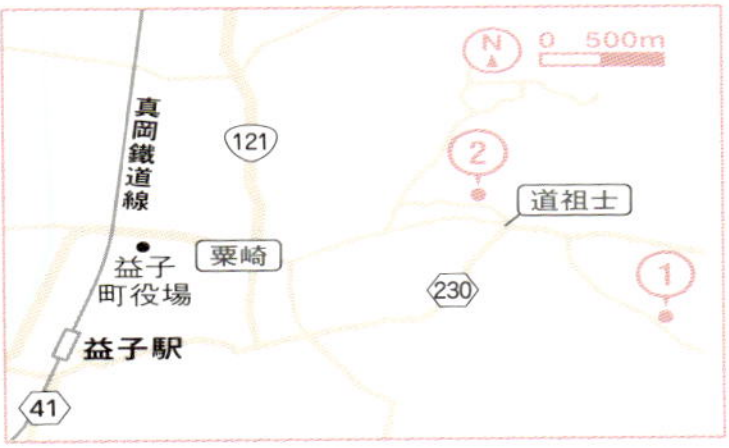

①つかもと美術記念館
②濱田庄司記念益子参考館

いわむらかずお絵本の丘美術館

馬頭広重美術館

①那須高原私の美術館
②那須オルゴール美術館
③藤城清治美術館※
④那須ステンドグラス美術館※
⑤エミールガレ美術館※

※は地図のみ掲載

A 人物画がメインの部屋は独特の表情に赤い壁が不思議なほどマッチしています。B 展示室間を渡る廊下にも印象的なオブジェが。C 収蔵作品150点ほど。入口ではオブジェが迎えてくれます。D 中庭に面した明るいカフェコーナー（ドリンク450円）。人気のガラス絵体験も随時ここで自由参加できます。

ファンがつくる画家の世界

那須高原 私の美術館

ナスコウゲンワタシノビジュツカン

特定の作家の作品を展示する美術館のなかには、作家のファンが集めた作品を公開しているものがあります。この美術館は、そんな個人美術館のひとつ。ジャンルを超えて制作活動を続けている此木三紅大の作品を、コレクターが公開しています。

外観から庭、館内のいたる部分まで此木ワールド全開。廃材を活用したガンダ彫刻に、ステンドグラス、絵画…とにかく多才です。だから訪れる人がそれぞれ自分の楽しみ見つけられる。それが「私の美術館」の名前の由来です。絵の迫力に圧倒されるふたつの常設展示室は、屋外の渡り廊下で結ばれています。一期一会の品も多いショップやカフェ、ガラス絵体験教室もあり、まさに自分なりの充実時間が過ごせます。

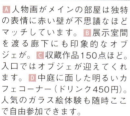

E

G

F

E 集大成ともいうべき圧巻の絵画展示。切望と希望を込めた渾身作であり、作家にとって一番想い出深いという「豁天《かってん》」を正面に、1000号、2000号という風景画の大作と相対できます。F 中庭のオブジェもそれぞれ個性ゆたか。廃鉄材を活用したガンダ彫刻は、よく見るとスコップやバルブなど身近なものが使われているので、それを見つけるのも楽しい。G 玄関上のオブジェは迫力満点。たくさんの生きものが集まるオブジェは、作家の自然や生き物への愛情を物語ります。

map ▸ p123

住所 那須郡那須町高久甲西山6039-4

電話 0287-62-6522

営業 9：30～17：00（16：30）

休み 火

料金 1000円　㊙未就学児無料ほか

電車 東北本線「黒磯」駅からタクシー10分

HP watasi-museum.jimdo.com

※臨時休館があるので来館の際は事前に確認を。

A 教会での賛美歌など、自動演奏への必要性や欲求は古くからあったといいます。思いどおりの音を奏でるための緻密な装置は、卓越した技と知恵の集大成なのだと気づかされます。B ミニチュア展示でオルゴールの歴史を解説。C ドリンク類350円のカフェ。奥はオルゴールやオリジナルグッズが並ぶショップ。D 形状もタイプも様々。音色の美しいシリンダー式、迫力ある演奏がうりのオーケストラ式など、それぞれに特徴が。

世界のオルゴール100点の調べ

那須オルゴール美術館

ナスオルゴールビジュツカン

オルゴールが、こんなにバラエティゆたかなものだったとは。ここを訪れると、そんなふうに驚くはず。一台で何曲もの自動演奏が楽しめるディスク式、多才な音色を奏でるオーケストラボックスなど、想像を超える世界が広がっています。毎時正時からは約20分のオルゴール演奏が行われ、くわしい解説つきで制作当時のままの音色を味わえます。100年以上前のオルゴールがなめらかに動き、正確にメロディを奏でる様子に感動。使われるオルゴールはその時々によって違うので、何度も参加したくなります。

　手回しオルガンからシリンダー式、ディスク式と進化を遂げ、やがて蓄音機の登場で開発が打ち止めとなったオルゴールの歴史。その流れを見渡し、体験できるユニークな空間です。

E

G

F

map ▸ p123

住所	那須郡那須町高久丙270
電話	0287-78-2733
営業	9：30～17：00、8月は9：30～18：00
休み	水（祝なら前日）
料金	1000円　㊢中・高生800円ほか
交通	東北本「黒磯」駅からタクシー20分
HP	nasuorgel.jp

E 多くのオルゴールが、当時の音色を奏でるよう大切に手入れされています。F H 約70曲、豊富なパーツから自分の好きなものを選び、世界でひとつだけのオルゴールをつくれます。予約不要で料金やかかる時間は材料、デザインによって変わります。目安は3000円、40分くらいとのこと。G 噴水とカリヨン（鐘）が目印。

H

A 華美に走らず実利を重んじる益子焼は、笠間で学んだ陶芸家が地元の粘土を用いてつくりはじめたもの。江戸末期には20軒ほどの窯元がありました。梁も立派な建物のなか、陶芸と庶民の生活に関する資料、時代ものの生活用品などが自然な形で展示されています。B 塚本家で制作をすることもあった棟方志功の勢いあふれる肉筆書。

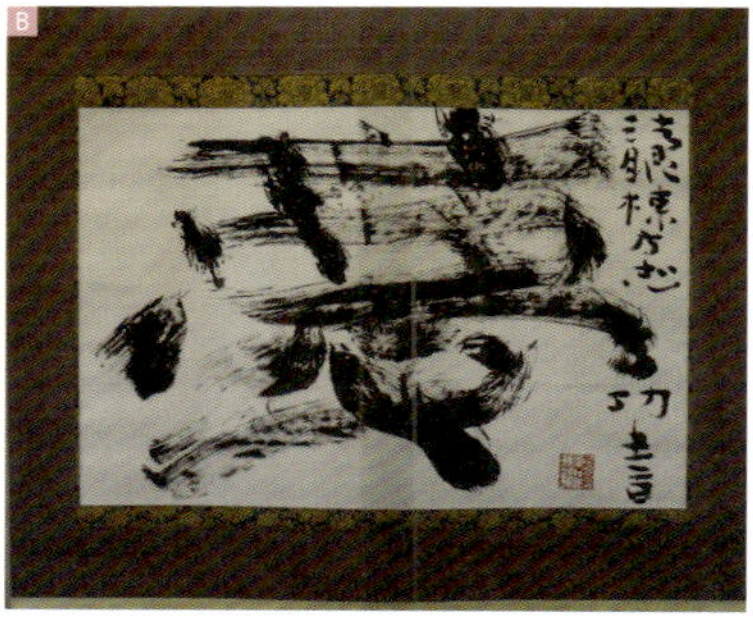

益子焼を育て守る窯元の資料館

つかもと美術記念館

ツカモトビジュツキネンカン

つかもとは益子焼最大の窯元です。庶民の台所用品として重用された益子焼は、人々の生活様式が変化するたびに大きな変換期を迎えてきました。大正末期には人間国宝となる浜田庄司が益子に定住し、巻き起こった民芸運動で人気を博しました。また、伝統技術に新しい感性を備えたデザイナーが加わることで、より魅力のある益子焼が生まれるとの考えのもと、外部からの研修生を受け入れ多くの陶芸家を育てました。

時代に寄り添って変化を遂げつつも伝統を守ってきた益子焼。その魅力を伝える記念館は、明治20年頃建築の豪壮な庄屋造り。浜田庄司、河井寛次郎、加守田章二、芹沢銈介ほか、巨匠の作品が並びます。貴重な歴史資料や生活用品など興味深いものがいっぱいです。

C記念館は塚本家の母屋として使われていた建物。敷地内にはギャラリーや陶芸の窯、陶芸体験コーナーや物産品店、そば処や喫茶も。D人気駅弁「峠の釜めし」の釜はつかもとの作。昭和32年の採用により、つかもとのみならず益子焼全体が活気づいたのだそうE人間国宝、浜田庄司をはじめ、名だたる陶芸家や工芸家が集ったつかもと。民芸運動の潮流を見つめる場所でもありました。F人間国宝や人気作家の器で供されるコーヒー(400円)、抹茶(菓子つき600円)。気分が盛り上がります。

map ▸ p123

住所 芳賀郡益子町益子4264
電話 0285-72-3223
営業 10：00〜16：00
休み 木
料金 300円 ㊓小学生150円ほか
電車 真岡鉄道「益子」駅からタクシー7分
HP www.tsukamoto.net/museum

貴重な蔵造りに美術工芸の銘品を

とちぎ蔵の街美術館

トチギクラノマチビジュツカン

ある意味、建物ありきで開館したともいえるところがユニーク。多くの蔵が現存する栃木市においても、最古の土蔵群に属する大規模な3連の蔵。いずれも文化、天保の時代に築かれ、200年もの時を経ています。

美術館とするにあたり、地元ゆかりの美術工芸作家や人間国宝を中心とする現代陶芸作家、そして国内外のすぐれた美術作品を収蔵、紹介しています。巨大な梁が印象的な空間でアートと向き合うひとときを。

A

B

C

A 3連の蔵の1・2階を使い、4つのアート展示室と、資料館のような「蔵の展示室」を設けています。B 喜多川歌麿の「女達磨図」。歌麿は狂歌を通じて栃木の豪商と親しく交流していたとされています。C 蔵に関する歴史的資料を展示する「蔵の展示室」。

D

D とにかく目を引く3連蔵（通称・おたすけ蔵）。歴史を語る貴重な文化遺産です。巨大な梁が走る重厚な内部空間は、企画展示ごとに違った表情を見せるのだとか。

map ▸ p123

住所 栃木市万町3-23

電話 0282-20-8228

営業 9：00〜17：00（16：30）

休み 月（祝なら翌日）、年末年始

料金 300円 割中学生以下無料ほか

電車 両毛線「栃木」駅から徒歩15分

HP www.city.tochigi.lg.jp/hp/menu000004000/hpg000003590.htm

A 大好きな絵本の原画に囲まれると、わくわくが止まりません。お話会やサイン会、農業体験なども開催しています。B 植生や動物への負担をできるだけ減らした建物は、環境建築賞の優秀賞ほかを受賞。C ティールームの5組のテーブルは、それぞれ別の木でつくられ、木の名前がクイズになっているので、ぜひチャレンジを。張り出すようなテラス席が人気。D 庭のハチが集めたはちみつ入りスコーンは、コーヒーとセットで550円。

絵本の世界を体感できる

いわむらかずお 絵本の丘美術館

イワムラカズオエホンノオカビジュツカン

見た瞬間に笑顔になるやさしいタッチの絵。国内外で親しまれる絵本作家が、こよなく愛する里山に開いた美術館です。丘の稜線に寄り添うような低層の建物は、地元産の木材で構成されています。ゆったりとした展示スペースでは、原画のなかの自然と動物がイキイキと躍動しています。タペストリーの間を縫って展示を見ていると、森のなかを散策しているような感覚になるかも。観賞後はぜひティールームでお茶を。

map ▸ p123

- 住所 那須郡那珂川町小砂3097
- 電話 0287-92-5514
- 営業 10：00～17：00（16：30）
- 休み 月（祝なら翌日）、年末
- 料金 900円 (割)中高生700円ほか
- 交通 東北線「氏家」駅からタクシーで30分
- HP ehonnooka.com

B

C

A

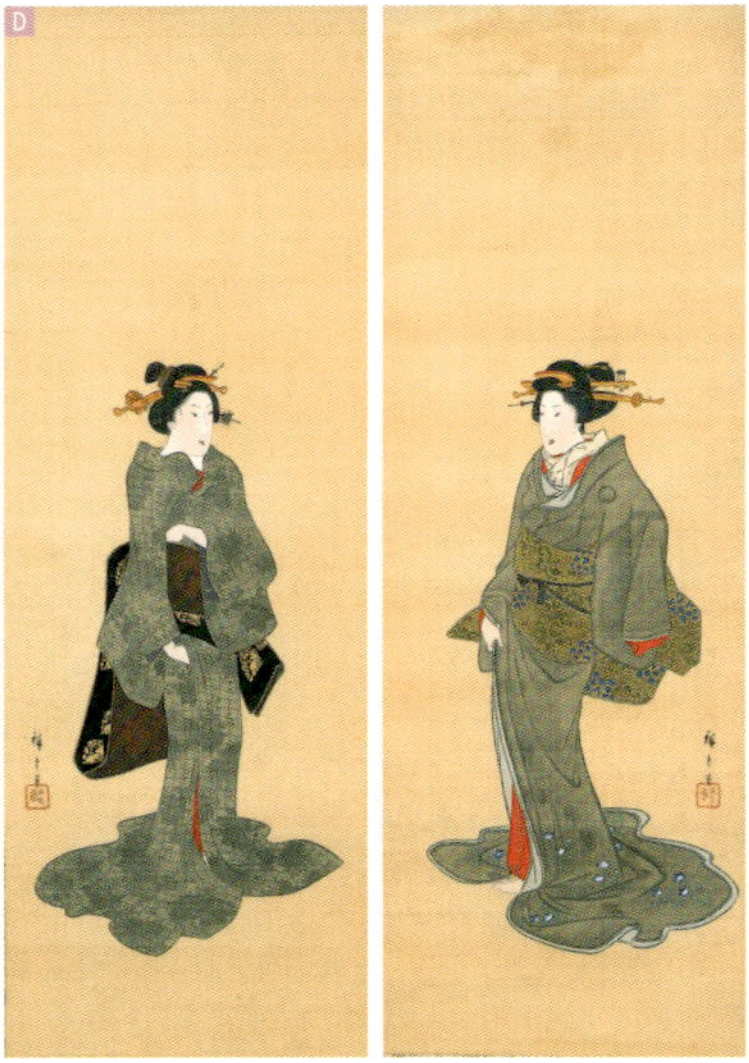
D

A 足を進めるごとに、建物の見え方も、内部の透け具合も変わる不思議な建物。敷地内別棟の「ギャルリ雪月花」では、器の販売や飲み物、食事の提供もしています。B 古い作品の保護のため展示室は暗め。幻想的で落ち着く空間です。C 和紙を建材に使った通路。地元の職人が漉いた「烏山和紙」を使用しています。D めずらしい広重の肉筆美人画。左右一対で、右が京都、左が江戸の芸妓。

貴重な広重の肉筆画を収蔵

馬頭広重美術館

バトウヒロシゲビジュツカン

版画作品である浮世絵で知られる歌川広重。その貴重な肉筆画を豊富に収蔵しています。版画手法の解説なども興味深いですが、ほかにも大きな見どころが。世界的建築家、隈研吾が、ルーバーを取り入れるお得意の手法で仕上げた透けるような建物。「東海道五十三次之内 庄野」に描かれた雨をイメージしたそうです。木、石、紙といった建材はどれも地場産にこだわり、地元共生を重視したアート空間になっています。

map ▸ p123

住所 那須郡那珂川町馬頭116-9
電話 0287-92-1199
営業 9：00～17：00（16：30）
休み 月（祝なら翌日）、祝の翌日、年末年始
料金 500円 (割)高・大生300円
電車 烏山線「烏山」駅からタクシー20分
HP www.hiroshige.bato.tochigi.jp

福島の美術館めぐり

環境とアートの組み合わせも楽しみ

福島にも特徴的な美術館が。大手企業による文化活動の拠点となる美術館や、地域ゆかりの漫画家の作品を駅舎に展示した無料美術館（はなわ漫画廊：掲載外）など、アートに親しむ試みがいろいろ。アジア一のダリコレクション（諸橋美術館）や、版画の巨匠、斎藤清の個人美術館など、その場の空気感や環境、作家の物語を含めて気になる美術館がたくさん。

①諸橋近代美術館

②空想とアートのミュージアム 福島さくら遊学舎

③CCGA現代 グラフィックアートセンター

④斎藤清美術館

⑤いわき市立美術館

B

C

D

A

A 山と川に抱かれたのどかな里山に、その地を愛した作家の足跡が。B 展示室へ向かうエントランスのゆったりした雰囲気に、観賞気分が盛り上がります。C フォトスポットの用意された多目的ホール。作家が愛した故郷の風景が広がります。奥には斎藤がパリで通ったカフェと同名の「クーポール」があり、作家がこよなく愛したこだわりのコーヒーが味わえます。D 卓越したデザイン性と、それを実現する技術に感銘を受けます。

世界的作家のモダンな木版画

斎藤清美術館

サイトウキヨシビジュツカン

会津が世界に誇る版画家、齋藤清の美術館は、作家が愛しスケッチをしてまわった風景のなかにあります。齋藤清の名前を知らなくても、作品を見れば覚えがある。また、実際にはじめて見る作品でもどこか懐かしい。独学で浮世絵の技法や西洋美術の手法をとりいれた木版画が、日本人の心の琴線に触れるのでしょう。同時に、そのモダンな作品には時代や場所を超越した魅力があるように感じます。

ゆったりとしたエントランスには作品モチーフの映像と音楽が流れ、突き当たりの多目的ホールからは只見川の流れが見渡せます。コレクションは1000点以上。年に4回展示替えをし、趣向を凝らした企画展も開催。映像やライブラリーなどの資料コーナーも充実しています。

E

G

F

map ▶ p133

住所	河沼郡柳津町柳津下平乙187
電話	0241-42-3630
営業	9：00〜17：00（16：30）
休み	月（祝なら翌日）
料金	510円　㊟小・中生無料ほか
電車	只見線「会津柳津」駅から徒歩20分
HP	www.town.yanaizu.fukushima.jp/bijutsu

E 四季折々、また企画ごとにガラッと雰囲気を変える展示室。2017年には没後20周年を記念して、斎藤が傾倒し模写したムンクの作品を招いて企画展が催されました。F 資料室には愛用の道具の展示も。G オリジナルグッズのなかには一期一会のものも。H 只見川沿いの遊歩道などにある、斎藤清のスケッチポイントの碑。

H

A おなじみの時計から観賞がスタート。約100メートルのホールは開放感いっぱい。B 来館者以外も利用できるカフェスペースにはダリ自邸の写真が。コーヒー350円、フォカッチャとドリンクセット800円など。

森と池に抱かれるダリの世界

諸橋近代美術館

モロハシキンダイビジュツカン

窓から磐梯山を望むロケーション、中世の馬小屋を意識した、時代も場所も超越したような建物。その場に身を置くだけで非日常感が味わえる美術館に展示されているのはダリの名作の数々です。内部に進むと、ホールでは有名な「柔らかい時計」が迎えてくれます。奥に広がるダリの彫刻は常設。ホールに沿って並ぶ展示室では常設に加えてさまざまな企画展が行われます。突き当たりの展示室で待つのは、ダリ生涯の大作といわれる「テトゥアンの大会戦」。休憩できるスペースにはダリの制作した映画も上映されていて、ダリという画家そのものを存分に満喫できます。

マチス、ピカソ、シャガール、ルノワールなど、19～20世紀の巨匠の名作も収蔵され、合わせて観賞できるのもうれしい。

Cオークションで落札したとき喝采を浴びたという、創設者にとっても思い出の「テトゥアンの大会戦」。ダリや妻のガラが描き込まれるという遊び心も。D創設者の希望を汲んだ中世的な建物デザイン。

E絵画、彫刻、版画、舞台や衣装のデザイン、映画制作など幅広く活動したスペインの巨匠のコレクションは約330点で、アジア唯一のダリ常設美術館。Fここでしか買えないオリジナル商品が豊富なミュージアムショップ。G国定公園内5万平方メートル以上の敷地に、中世の厩舎を思わせる建物が優雅にたたずみます。

map ▶ p133

住所 耶麻郡北塩原村桧原剣ヶ峯1093-23

電話 0241-37-1088

営業 9：30〜17：30（17：00）、11月は9：30〜17：00（16：30）

休み 不定休、冬期（通常12〜4月中旬）

料金 950円　㊗小・中生無料ほか

電車 磐越西線「猪苗代」駅からタクシー20分

HP dali.jp

A 日本が世界に誇るアニメーションの制作現場の雰囲気をユニークな形で伝える展示。フキダシには表(建前)と裏(本音)に言葉が書かれたものも。

アニメ制作の現場を体験

空想とアートのミュージアム 福島さくら遊学舎

クウソウトアートノミュージアム フクシマサクラユウガクシャ

数々の人気アニメーションを世に送り出し、映像、ゲーム制作にくわえ地域文化振興など多彩な活動を続けるガイナックスが開設したアートスペース。滝桜で知られる三春町、元中学校の校舎を活用し、さまざまな展示やワークショップをおこなっています。

アニメのできるまでの流れをユニークに見せる常設展、原画やフィギュアの展示など、クールジャパンのパワーに触れられる試みがいっぱい。日本を代表するクリエーターたちから寄せられたメッセージやサインのコーナーもあり、ファンにはたまらないはず。制作過程の解説には、きれいごとばかりでなく、クリエイティブの現場の大人の事情などもさりげなく盛り込まれていて、アニメファンでなくても興味深く、見応えたっぷりです。

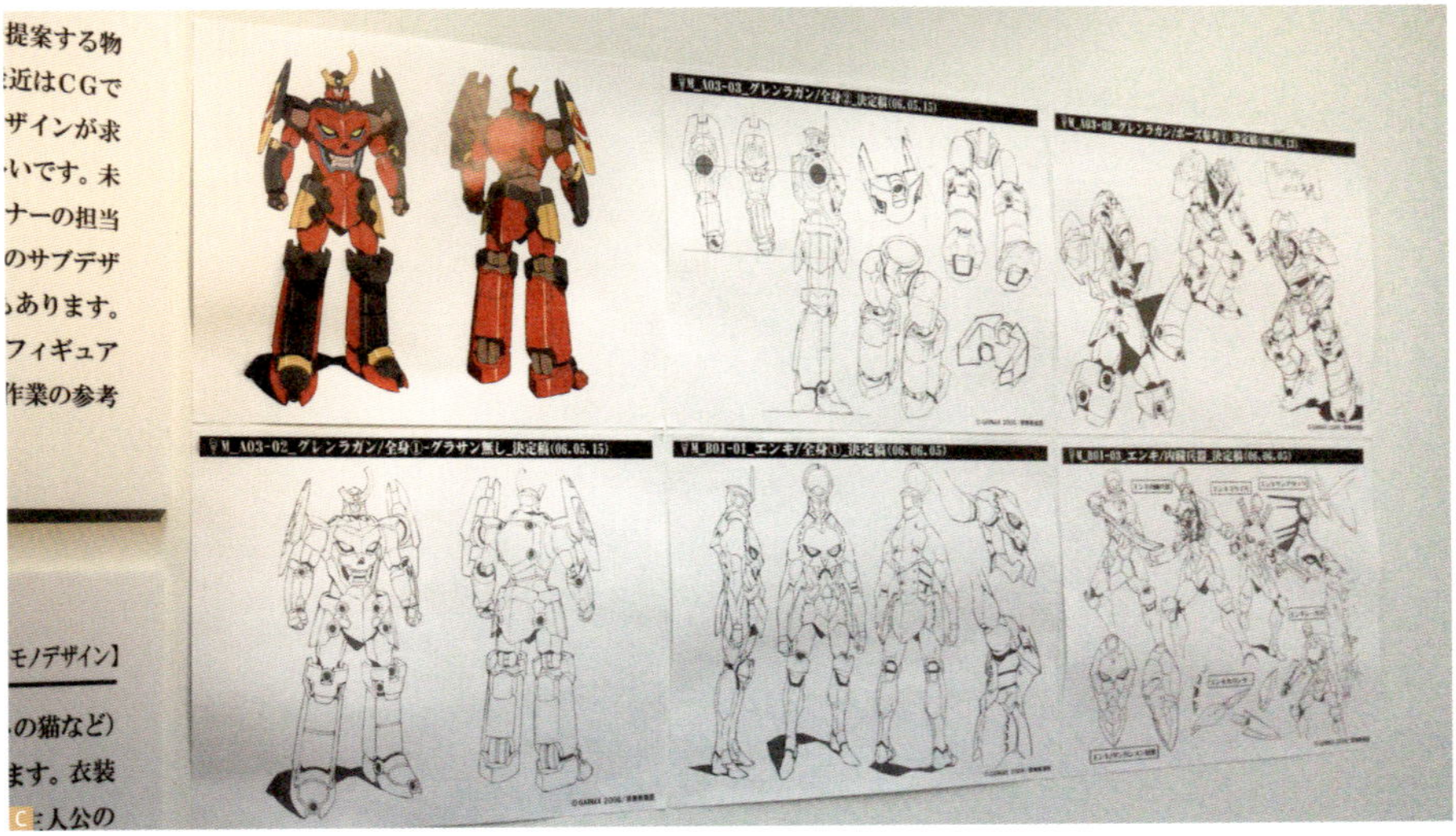

B さりげなく貴重な資料が展示されているので、宝探しのようにすみずみまでじっくり見たい。C 多くのフィギュアが並ぶコーナーはファン垂涎？ ファンでなくても、この世界のすごさは感じるはず。D ガイナックスならではの豊富な資料、実体験に基づく解説に好奇心を刺激されます。E 中学校の校舎としてもおもしろい建物を、観光情報とアートの発信地にリノベーション。別棟の元体育館でイベントを開催することも。F ものづくりに共通のこと、アニメ制作ならではのこと、日本のアニメがこれほど世界に受け入れられた理由…楽しく展示を見ながらいろいろなことを考えさせられます。

map ▸ p133

- 住所　田村郡三春町鷹巣瀬山213
- 電話　0247-61-6345
- 営業　10：00～17：00(16:30)
- 休み　不定休
- 料金　800円　(割)未就学児無料ほか
- 電車　磐越東線「三春」駅から タクシー10分
- HP　Fukusimagainax.co.jp

地域に根ざし戦後作品を蒐集

いわき市立美術館

イワキシリツビジュツカン

地域にゆかりの作家、日本の戦後美術、世界の戦後美術を3つの柱に、2100点を超える作品を収蔵しています。ウォーホル、マティス、ピカソといった巨匠から新進気鋭の作家まで。また国内では草間彌生、池田満寿夫、森村泰昌ほか、おもに現代アートの旗手の作品が揃います。収蔵作品を時期ごとに公開しながら、名作展、現代アート展、アートを体感できる新たな試みなど、さまざまな企画展とイベントを実施。

A

A草間彌生の水玉アートがさりげなく。B明るい色彩が目に飛び込んでくる、アンリ・マティス「ピエロの埋葬」。C青にこだわり続け単色の作品を制作するモノクロニズムの画家、イヴ・クラインの作品。

B

C
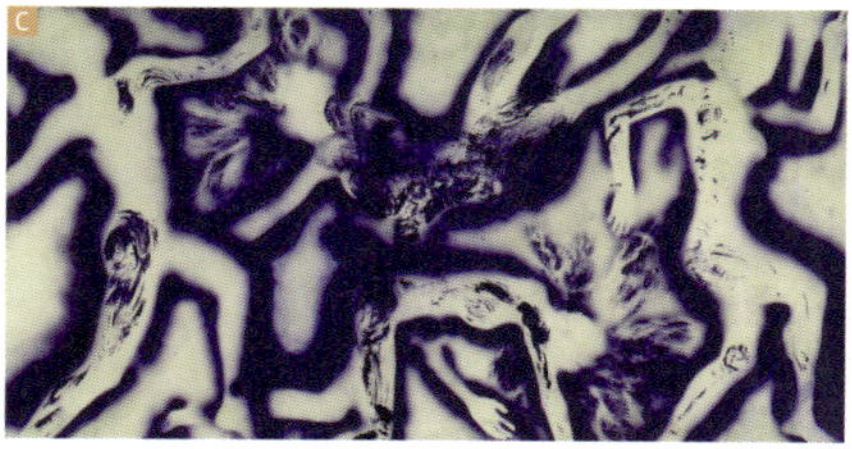

map ▸ p133

住所 いわき市平字堂根町4-4
電話 0246-25-1111
営業 9：30～17：00（～16：30）
休み 月（祝なら翌日）、年末年始
料金 210円 割 市内在住65歳以上無料
電車 各線「いわき」駅から徒歩12分
HP www.city.iwaki.lg.jp/artmuseum

D

Dいわき駅から徒歩圏内の好立地。地域の人々の憩いスペースとして愛されています。

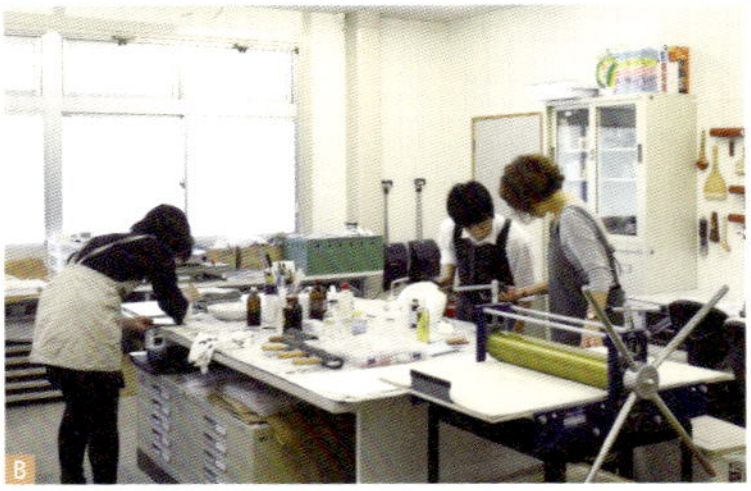

A アメリカ現代美術史を彩るアーティストたちの版画作品群と、国際的評価を得る日本の現代グラフィックデザインの秀作群がコレクションの柱。美術作品のみならず、デザインを紹介する企画展も充実。B 版画に親しむワークショップを開催している版画工房。経験者向けに開放もしています。C ショップにはスタイリッシュな商品が並びます。D 200円のドリンクでひと息つきながら書籍を閲覧できるサロン。E 美しい自然環境のなか、整備された広大なゴルフ場の一画に位置します。

すぐれたデザインを次世代に継承

CCGA現代グラフィックアートセンター

シーシージーエーゲンダイグラフィックアートセンター

印刷大手の大日本印刷が、銀座、京都に続いて開設したアートスペース。グラフィックアートやデザインのすぐれた作品、資料を貴重な文化遺産ととらえ、その魅力を広く発信するとともに、次世代に継承することを目的としています。また、江戸時代にいち早く西洋式の銅版画を制作したひとりである亜欧堂田善の出身地ということもあり、日本の現代版画を紹介する企画展も開催しています。

map ▸ p133

住所 須賀川市塩田宮田1
電話 0248-79-4811
営業 10：00〜17：00（16：45）
休み 月（祝なら翌日）、祝の翌日（土・日以外）、冬期（12〜2月）
料金 300円 割65歳以上無料ほか
電車 東北本線「須賀川」駅からタクシー20分 ※水郡線「小塩江」駅から送迎車あり（要電話予約）
HP www.dnp.co.jp/gallery/ccga

お気に入りを広めよう、残そう！

美術館のフォトスポット

企画ごとや館内の一部にフォトスポットを設ける美術館が増えています。インスタ映えする写真撮影のチャンス。

ちひろの絵とともに

（安曇野ちひろ美術館：P78）

15周年を一緒に祝う

（ポーラ美術館：P32）

個性的なキャラに仲間入り

（イルフ童画館：P66）

ムンクになり方も指南

（斎藤清美術館：P134）

本書で紹介したなかには、ほぼ全館撮影OKの美術館もあります。美術館めぐりにはカメラをお忘れなく。

ダリの想いに寄り添って

（ハーモ美術館：P68）

愛らしさをわけてもらう

（河口湖ミューズ館：P55）

一番有名な収蔵品と

（北澤美術館：P69）

土肥裕司　yuji doi

雑誌や広告などの媒体で、幅広い被写体を相手に活躍するカメラマン。母校である阿佐ヶ谷美術専門学校で写真の講師を務めるほか、書籍の執筆も手掛ける。趣味は美術館めぐりとスキー。

那須高原私の美術館

staff

撮影　土肥裕司
AD　山口喜秀（G.B.Design House）
デザイン　森田千秋　(G.B.Design House)
地図制作　マップデザイン研究室
営業　峯尾良久
編集　稲佐知子

東京からちょっと旅 ちいさな美術館めぐり

初版発行　2017年11月28日

著者　土肥裕司
発行人　坂尾昌昭
編集人　山田容子
発行所　株式会社G.B.
〒102-0072　東京都千代田区飯田橋4-1-5
電話　03-3221-8013（営業・編集）
FAX　03-3221-8814（ご注文）
http://www.gbnet.co.jp

印刷所　大日本印刷株式会社

・本書は2016年5月発行の「東京周辺 建築でめぐるひとり美術館」を
大幅に加筆・修正したものです。

ISBN 978-4-906993-45-1

電子書籍も好評発売中！

G.B.のおでかけシリーズ

A5版／オールカラー
1,600円＋税

東京 わざわざ行きたい 街の本屋さん

東京の“街の本屋さん”を、エリア別に130店、詳細に紹介。

神々だけに許された地 秘境神社めぐり

自然と神々の息吹にふれられる全国の聖なる秘境を訪ねる。

東京 看板ネコめぐり ＋猫島で猫まみれ

飲食店や雑貨屋さんなど、猫とゆっくり過ごせるスポットを。

とっておき！ 南台湾 旅事情故事

台湾南部が今熱い！200軒以上を取材、その魅力を紹介。

東京の夜のよりみち案内

実際に足を運び、寄り道の穴場スポット含め82スポットを掲載。

休みをとってでも行きたい 問屋街さんぽ

東京や大阪の問屋街を丹念に取材し、イラスト付きで紹介。

東京周辺 建築でめぐるひとり美術館

個人のためにつくられ、建築にも注目の個性派美術館65館。

歴史さんぽ 東京の神社・お寺めぐり

神話伝承から幕末の事件まで江戸・東京の歴史をめぐる。

東京のちいさな美術館めぐり

個性的な美術館ばかり106館。カフェ、ミュージアムショップも。

京都のちいさな美術館めぐり

小さくても個性的な美術館を、京都から大阪・兵庫・奈良まで。

甲州・信州のちいさなワイナリーめぐり

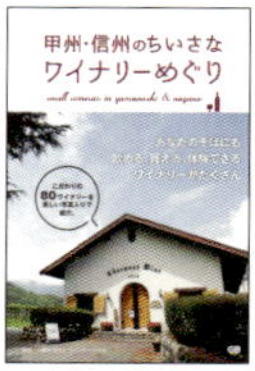

誰でも立ち寄れる80ヵ所を網羅し、周辺情報を含めて紹介。